GAEL BERTON

VOYAGEZ AU JAPON

DU PIXEL AU RÉEL

Voyagez au Japon. Du pixel au réel
de Gael Berton
est édité par Third Éditions
10 rue des Arts, 31000 Toulouse
contact@thirdeditions.com
www.thirdeditions.com

Directeurs éditoriaux : Nicolas Courcier et Mehdi El Kanafi
Assistants d'édition : Ken Bruno, Ludovic Castro et Damien Mecheri
Textes : Gael Berton
Préparation de copie : Zoé Sofer
Relecture sur épreuves : Hélène Furic
Mise en pages : Frederico Anzalone
Couverture classique : Frederico Anzalone
Couverture « First Print » : Shinji Tsuchimochi

Cet ouvrage à visée didactique est un guide réalisé par Third Éditions. L'auteur se propose d'établir un lien entre le Japon et les médium jeux vidéo dans ce guide unique, qui analyse les œuvres vidéoludiques et leurs contextes afin de les comparer à leur versions réelles au Japon.

ISBN 978-2-37784-147-9
Dépôt légal : novembre 2020
Imprimé dans l'Union européenne par Meilleures Impressions.

GAEL BERTON

VOYAGEZ AU JAPON

DU PIXEL AU RÉEL

03.rd | THIRD éditions

LE GUIDE DE CONFIANCE...

En 2004, après plus de cinq ans passés à travailler au Japon, je suis revenu en France pour de nouveaux projets personnels. J'ai notamment intégré la rédaction d'un tout nouveau magazine de jeux vidéo appelé *Game Fan*. C'est alors qu'un ami voyagiste spécialisé dans les séjours thématiques m'a proposé, en 2005, d'élaborer un circuit au Japon avec pour thème *les jeux vidéo*. Le deal était simple : je concevais un voyage sur mesure pour les lecteurs de notre magazine et je partais ensuite avec eux comme guide-accompagnateur bilingue. L'idée était sympa ! Tellement sympa, même, que j'ai finalement organisé des séjours de ce type pendant... dix ans !

Cela dit, pour réussir ce premier voyage, encore fallait-il trouver suffisamment de lieux en rapport avec les jeux vidéo ! Nous n'allions tout de même pas passer dix jours non-stop à Akihabara, si ? J'ai alors cherché, creusé, réfléchi... En fouillant dans mes souvenirs et mes propres expériences, je suis parvenu à trouver des idées de lieux emblématiques susceptibles d'interpeller et de ravir les geeks de mon futur groupe : Akihabara (p. 156), Nakano Broadway (p. 37), le musée Ghibli, etc. Mieux encore, il me suffisait parfois simplement d'emmener le groupe dans des rues de la ville basse de Tokyo pour que certains lecteurs s'exclament : « Hé, Florent ! C'est trop beau ici, on se croirait dans *Shenmue* ! C'est dans ces rues-là que Yû Suzuki a trouvé l'inspiration pour tel ou tel décor ? »
Cette remarque, lors du tout premier voyage, m'a beaucoup amusé. Si bien que dans les voyages suivants, je prenais un malin plaisir à piéger mes participants un peu trop

en confiance : « Tenez, c'est dans cette rue qu'est né *Shenmue* ! » Je laissais alors mes geeks mitrailler naïvement l'endroit de photos avant de leur révéler le pot-aux-roses : « Non, en fait, c'est juste une rue japonaise un peu pittoresque où il ne s'est jamais rien passé... »

Après Tokyo, j'emmenais ensuite mes groupes à Kyoto. Pour l'occasion, j'ai créé un circuit « pèlerinage sur les traces de Nintendo ». Je leur montrais alors les premiers locaux de Nintendo, dans un quartier qu'aucun touriste ne fréquentait alors en 2005. Puis je les emmenais au sanctuaire Fushimi Inari en leur révélant ce dont j'avais eu vent par un *insider* de Nintendo au tout début des années 2000 : c'était ce sanctuaire qui avait inspiré Nintendo à opter pour un renard en guise de héros pour la série *Star Fox* (l'info sera confirmée par Miyamoto lui-même quelques années plus tard, voir p. 74) !

Bref, très rapidement, ces voyages ont fait le buzz et à chaque nouvelle édition, il ne me suffisait que de deux ou trois jours pour constituer un groupe de quinze personnes. J'avais désormais la preuve formelle que les geeks n'hésitaient pas à voyager pour découvrir IRL ce qu'ils chérissaient au quotidien en virtuel !

Néanmoins, je dois bien avouer qu'après quatre ou cinq ans de voyages, j'ai commencé à tourner en rond. J'ai ressenti le besoin cruel d'étoffer, de varier, de trouver d'autres bons plans de visites. Sans succès. Et aujourd'hui, quand je découvre la richesse du bouquin que vous tenez entre les mains, je me dis : « Mais bon sang, si j'avais eu le guide de Gael Berton à l'époque, ça m'aurait simplifié la vie ! Il y a tellement de bonnes idées de visites auxquelles je n'avais jamais pensé ! »

D'autant plus que Gael, je le connais (virtuellement) depuis maintenant pratiquement vingt ans ! Et je peux donc l'affirmer sans crainte, rares sont les personnes aussi fiables et rigoureuses que lui. Un exemple de sa générosité naturelle ? En 2001, je me souviens avoir fondé le site *forumjapon.com*, rapidement devenu l'un des principaux forums en lien avec le Japon. Dès son inscription à notre communauté, Gael s'est imposé comme l'un des contributeurs les plus appréciés du site. Ses bons tuyaux, ses conseils étaient déjà salués unanimement. Avec une dévotion et une rigueur rares, Gael n'hésitait pas à pondre des tartines pour offrir aux membres de Forum Japon toutes les informations nécessaires à l'organisation de leurs voyages. Et il fait cela depuis plus de vingt ans avec son site *kanpai.fr* ! C'est dire si, aujourd'hui, Gael est sûrement la personne la mieux placée pour sortir un guide de bons conseils touristiques ! Si j'étais le ministre du Tourisme japonais, je décernerais une médaille du mérite à Gael pour sa contribution notoire au récent boom du tourisme japonais. Mais je ne suis qu'un modeste auteur et mon pouvoir est *de facto* bien plus limité. Cela étant dit, je peux au moins faire une chose : dorénavant, dès que l'on me demandera si j'organise toujours des voyages thématiques au Japon, j'aurai enfin une alternative à mon sempiternel « Non, désolé, je n'en fais plus ». Dès aujourd'hui, je vais pouvoir ajouter : « Mais à la place, je vous conseille d'acheter le guide de Gael Berton ! Non seulement c'est beaucoup plus riche et varié que ce que je proposais à mes clients, mais en plus, avec lui, vous pouvez être sûr qu'il ne vous racontera pas de salades... »

Florent Gorges, né à Dijon en 1979, est parti vivre au Japon dès 1997, alors qu'il était encore lycéen. Après avoir été longtemps correspondant au Japon pour différents magazines sur la culture japonaise et le jeu vidéo, il devient chercheur en histoire du jeu vidéo. Il est l'auteur de nombreux livres de référence (*L'Histoire de Nintendo*, *L'Histoire de Capcom*, tous deux aux éditions Pix'n Love), le biographe officiel de multiples personnalités japonaises (Yoshitaka Amano, Tomohiro Nishikado, etc.), animateur sur la chaîne Nolife (*Les Oubliés de la Playhistoire*, *Collector's Quest*), traducteur/interprète JP/FR (dont, entre autres, les manga *The Legend Of Zelda*, *Splatoon*, tous deux aux éditions Soleil Manga). En 2007, il cofonde les Éditions Pix'n Love et les Éditions Omaké Books (2011) qu'il dirige toujours aujourd'hui.

AVANT-PROPOS

Aux origines de ce livre, il y a une simple discussion entre copains passionnés du Japon et de jeux vidéo, au tout début des années 2010. Du côté de Mehdi et Nicolas, aujourd'hui directeurs de Third Éditions, il y avait d'abord l'envie de publier un ouvrage sur le Japon, si tôt. Un souhait partagé par votre serviteur, évidemment, alors seul aux commandes du site *Kanpai*. Pour diverses raisons, cela ne s'est pas fait à l'époque. Des contraintes administratives et éditoriales, prosaïquement, ou peut-être tout simplement nos planètes respectives qui ne s'alignaient pas encore. En corollaire et dans la foulée, j'ai publié des eBooks (livres numériques) exclusivement axés sur le voyage au Japon, qui deviendront plus récemment des versions papier. Des dizaines de livres ont été publiés depuis autour de nous sur cette thématique porteuse du pays du Soleil levant par de nombreux éditeurs, avec plus ou moins de réussite, d'opportunisme et surtout de passion. Mais en surcouche, pour nous trois, il y a toujours eu ce désir de travailler ensemble. Puis, en 2017, on s'est retrouvés autour d'Hayao Miyazaki, l'évidence. Une revisite complète, améliorée et largement densifiée des travaux que je publiais entre-temps sur *Kanpai*. Un petit pavé sur l'œuvre d'un homme phare dans l'animation japonaise, dans notre sémantique commune naturellement, en effleurant mais sans jamais toucher du doigt le Japon et encore moins le jeu vidéo, cœurs de nos métiers respectifs. Quasiment dix ans séparent donc l'idée initiale et, finalement, la publication de l'ouvrage que vous tenez aujourd'hui entre vos mains. En temps Internet, autant parler d'une éternité. Mais on y est. Dix ans de maturation, près d'un tiers de nos vies respectives et tant de chemin parcouru chacun de notre côté pour vous livrer, enfin, ce pont qui relie jeu vidéo et Japon. En mai 2019, j'effectuais un énième voyage au Japon dans un cadre professionnel et j'en profitais pour rechercher de la littérature afin de thésauriser sur ce sujet de *seichi junrei* (cf. l'introduction du livre). À ma grande surprise, de la bibliographie existe, dans des volumes parfois denses et profonds, mais exclusivement ou presque sur un pan manga et animation. C'est ce qui fera, je l'espère, l'objet d'un deuxième tome pour cette inspirante série.

J'espère que vous prendrez autant de plaisir à découvrir ce livre que j'en ai eu à le rédiger. Et que le prisme vidéoludique vous offrira une approche inattendue sur cette terre si définitive de pèlerinage *otaku* qu'est le Japon.

Amoureux du Japon depuis sa plus tendre enfance, Gael Berton y a effectué son premier voyage en 2003, au cours de ses études de japonais. Depuis, il y est retourné à de nombreuses reprises, explorant les villes et la campagne nipponnes du nord au sud. Le site *Kanpai*, qu'il a fondé en mars 2000, traite du voyage au Japon en particulier et de la culture japonaise au sens large. Il crée Keikaku en 2014, agence de voyages qui réunit une équipe de passionnés aussi bien au siège en France que dans sa filiale au Japon, pour améliorer l'offre de services vers cette destination, en français et en anglais.

LE CONCEPT DE CET OUVRAGE

聖地巡礼 *Seichi Junrei*, littéralement le « pèlerinage en terre sainte », est une expression japonaise qui se réfère à la visite par les *otaku* des lieux qui ont servi d'inspiration aux mangaka (dessinateurs de manga) et autres auteurs pour la représentation plus ou moins réaliste dans le cadre des histoires qu'ils imaginent. Les amateurs d'un genre particulier, en l'occurrence les *anime*, ont fait de cette base un phénomène culturel et certaines régions du Japon l'exploitent en retour pour leur promotion touristique. Peut-être un des exemples les plus connus vu du prisme occidental est la forêt luxuriante de Yakushima, une île située très au sud du Japon dans laquelle le réalisateur Hayao Miyazaki s'est retiré plusieurs semaines durant pour trouver l'inspiration avant de commencer la production de son célèbre *Princesse Mononoké* en 1994. Quelque temps après la sortie du film, au vu de son succès, l'île a nommé officiellement sa petite jungle la « forêt Mononoke », surfant sur le désir des fans du film de venir découvrir ce lieu désormais culte de l'animation japonaise. Selon les régions, des flyers ou prospectus dédiés sont imprimés et distribués dans les centres d'information touristique locaux, parfois même jusqu'aux sites Internet, domaine où les Japonais sont pourtant traditionnellement peu à

l'aise. Le phénomène n'a d'ailleurs rien de cantonné au Japon puisque même une ville aussi iconique que New York capitalise sur l'intérêt de ses visiteurs à venir retrouver « IRL » (dans la vraie vie) les spots de séries ou films cultes comme *Friends*, *SOS Fantômes* ou *Real Housewives*.

Dans le cadre de leur initiative appelée « Japan Endless Discovery » qui vise à rendre le Japon plus attractif aux touristes venus de l'étranger, l'Office National du Tourisme Japonais et l'Agence Touristique Japonaise (dépendante du ministère du Territoire, de l'infrastructure, du transport et du tourisme) se sont associés, en 2013, pour développer avec la boutique officielle de vente en ligne de produits dérivés Tokyo Otaku Mode un sous-site, fermé depuis, visant à développer ce concept de *Seichi Junrei*. Il s'agissait alors d'une forme de sondage géant demandant aux visiteurs de « *Suki !* » (littéralement « aimer ») des lieux de pèlerinage bien connus comme ceux des séries *Evangelion* à Hakone, *Oreimo* à Chiba, *Haruhi Suzumiya* à Hyogo ou encore d'*Anohana* à Chichibu. De cette initiative réussie, un véritable site, *AnimeTourism88*, a vu le jour en 2016 pour lister, comme son nom l'indique, les 88 spots d'animés japonais recommandés à destination des touristes. Chaque année à l'automne, cette liste est mise à jour pour refléter les intérêts des fans qui évoluent ainsi que les nouvelles sorties, et permet ainsi aux futurs voyageurs *otaku* au Japon de préparer plus facilement leurs « pèlerinages en terre sainte ».

Le présent ouvrage vient tenter d'élargir ce spectre resserré autour du manga et de l'animation japonaise pour l'associer au jeu vidéo, ce dixième art qui possède lui aussi un certain nombre de ponts et d'inspirations en provenance des territoires japonais. Notre recherche s'est donc axée en deux temps. D'abord, un regroupement des titres ou séries qui se sont plus ou moins directement inspirés de lieux géographiques réels du territoire japonais pour y situer leurs actions. Puis, des focus culturels plus particuliers sur la culture et la vie japonaises qui ont franchement, volontairement ou non, orienté des gammes de jeux dans leurs arcanes respectifs. En charnières, nous détaillons quelques lieux de culte supplémentaires. Et puisque, ne nous en cachons pas, l'un des objectifs de cet ouvrage est également d'inciter les lecteurs à venir découvrir les terres nipponnes, l'entrée en matière des pages suivantes livre des clés synthétiques sur le Japon et surtout des conseils de voyage précis au pays du Soleil levant.

▲ ***Your Name*, succès mondial d'animation en 2016, a mis son réalisateur Makoto Shinkai en avant, ainsi que son style photoréaliste qui reproduit Tokyo dans ses nombreux décors.**

▼ **L'île méridionale de Yakushima a été mise sur le devant de la scène touristique après la sortie de *Princesse Mononoké* de Hayao Miyazaki (Studio Ghibli) en 1997, où le réalisateur s'était installé pour préparer le film d'animation.**

01

01
À SAVOIR AVANT DE PARTIR

UN PEU DE CONTEXTE

Le Japon est un pays de l'Asie de l'Est, également appelé « pays du Soleil levant ». En effet, les caractères kanji[1] qui composent son nom sont 日本, respectivement pour « jour » ou « soleil » et « origine ». En japonais, son nom se prononce « *Nihon* » ou « *Nippon* ». Son drapeau, appelé « Hinomaru » (littéralement « le cercle du soleil »), y fait référence ; son disque rouge sur fond blanc se réfère aussi bien à l'astre divin qu'à Amaterasu (oui, l'héroïne du jeu *Ôkami*), la déesse du soleil dans le shintoïsme, religion principale avec le

1. **Voir la partie « langue », p. 24.**

« Le Japon est un pays de l'Asie de l'est, également appelé "pays du Soleil levant". En japonais, son nom se prononce "Nihon" ou "Nippon". »

bouddhisme, pratiquées par quasiment l'ensemble de la population. Les chrétiens et musulmans, eux, représentent un pourcentage infime des croyants japonais, notamment parmi les expatriés vivant sur place. La monnaie du pays est le yen. Son cours face à l'euro est relativement stable, entre 120 et 130 yens pour environ 1 euro depuis 2013. Les Japonais payent énormément en espèces ou via un porte-monnaie électronique tel que la carte Suica, très peu par carte bancaire et pas du tout par chèque.

Au Japon, outre la numération à l'occidentale, on peut compter les années selon les ères officielles. Celles-ci sont déterminées par l'empereur en place. Après une trentaine d'années de Heisei sous Akihito, le Japon est passé à l'ère Reiwa le 1er mai 2019 avec l'intronisation de son fils, le prince Naruhito. C'est la première fois dans l'histoire du pays qu'un empereur encore en vie cède la place à son successeur. Son rôle reste en tout cas symbolique car c'est le Premier ministre qui gouverne (à l'heure où ces lignes sont écrites, Shinzo Abe depuis 2012, avec l'appui du puissant Parti libéral-démocrate). Depuis sa défaite au ▶

terme de la Seconde Guerre mondiale en 1945, le Japon n'a plus le droit de faire la guerre ; toutefois, il dispose de Forces d'autodéfense qui peuvent intervenir en cas de besoin de protection sur son propre territoire. Des tensions politiques avec ses voisins existent, en particulier les Chinois et les Coréens avec lesquels il existe des divergences d'opinions fondamentales, notamment autour de la question des femmes de réconfort et des criminels de guerre lors de la Seconde Guerre mondiale. À ce titre, le Japon entretien une image de révisionniste, notamment dans ses livres d'histoire, ou dans le cadre de diverses sorties politiques provocatrices à intervalles réguliers.

De manière contre-intuitive, le sport national japonais n'est pas le sumo ou le kendo. Bien que traditionnels et très appréciés, ils rencontrent moins de succès que les matches de baseball. Parmi les traditions artistiques prisées au Japon, on citera les théâtres kabuki et nô, ou encore les geishas dont le nombre (environ deux cents aujourd'hui, dont une moitié à Kyoto) n'a cessé de décroître ces dernières décennies.

« Le sport national japonais n'est pas le sumo ou le kendo, mais le baseball. »

LE JAPON C'EST OÙ ?
LE JAPON C'EST COMMENT ?

L'archipel japonais est constitué de près de 7 000 îles, dont quatre principales qui couvrent 95 % de son territoire de près de 38 000 kilomètres carrés. Du nord au sud, elles sont respectivement Hokkaido, Honshu, Shikoku et Kyushu. Beaucoup des destinations incontournables pour les primo voyageurs sont situées sur Honshu, et notamment ce que les anglophones appellent la *golden route* : le triptyque Tokyo-Kyoto-Hiroshima, de même que le mont Fuji, les Alpes japonaises ou encore Osaka et Nara. Ainsi, de nombreux nouveaux touristes se contentent de cette île (la plus étendue) pour leur séjour, avant de revenir dans le but d'explorer des territoires moins courus mais aux attraits différents. On citera alors notamment la septentrionale Hokkaido, son domaine skiable de qualité et ses immenses parcs naturels, ou encore, aux antipodes, l'archipel subtropical d'Okinawa qui propose des clubs de vacances très appréciés des couples et des familles.

Le Japon se découpe en neuf grandes régions (du nord au sud : Hokkaido, Tohoku, Kanto, Chubu, Kansai ou Kinki, Chugoku, Shikoku, Kyushu et Okinawa) ou encore quarante-sept préfectures qui sont en quelque sorte l'équivalent des départements français. Tokyo, Kyoto, Osaka ou encore Nara sont, outre des villes elles-mêmes, également des préfectures qui incluent d'autres villes. La population est extrêmement concentrée dans les grandes villes et en particulier dans la mégalopole Tokyo-Kyoto, avec des densités de population importantes. Le grand Tokyo est, à ce titre, la ville la plus peuplée du monde, avec plus de quarante millions d'habitants.

QUI SONT LES JAPONAIS ?

Il y a environ 127 millions d'habitants au total sur l'archipel nippon. Toutefois, la population vieillit d'année en année et est entrée en décroissance au début des années 2000. Chaque année depuis 2011, le nombre de naissances est en baisse ; rien qu'entre 2014 et 2019, il a chuté de près de 15 %, rejoignant bientôt celui de la France (environ 750 000 naissances par an) malgré une population encore deux fois plus élevée. Avec son faible indice de fécondité à 1,4 enfant par femme et son nombre de décès bien plus élevé que celui des naissances, il est estimé qu'à l'horizon 2080, la population japonaise pourrait s'être contractée de moitié. Pour pallier cette dépopulation inévitable, le Japon réfléchit depuis un moment déjà à des pistes de compensation puisqu'il est déjà au plein-emploi : la robotisation est en marche mais le pays freine malgré tout des quatre fers sur le sujet de l'immigration. Ainsi, il est toujours très difficile d'obtenir un visa de travail et plus encore de résidence permanente au Japon, sans même parler de l'obtention de la nationalité japonaise (pour laquelle il faut renoncer à la sienne). Pour les touristes, l'entrée

« La politesse et le respect des règles font partie intégrante du fonctionnement huilé du groupe japonais. »

sur le territoire est heureusement beaucoup plus simple. Les Français, ainsi que beaucoup d'autres nationalités, peuvent visiter le pays jusqu'à quatre-vingt-dix jours consécutifs avec un simple passeport. Pour rester plus longtemps sur le territoire, le visa vacances-travail (également appelé PVT) permet de séjourner jusqu'à un an au Japon avec un peu plus d'efforts administratifs et de preuves de fonds. Conséquemment et bien aidés par les diverses campagnes gouvernementales depuis le début des années 2010, les touristes sont de plus en plus nombreux sur l'Archipel. De six millions de visiteurs étrangers en 2011[1], le chiffre a été multiplié par plus de cinq en huit ans[2], causant même jusqu'à des embouteillages de touristes dans les lieux les plus courus de Kyoto, ou encore certaines difficultés d'accueil hôtelier pendant les périodes les plus chargées. Après avoir accueilli la Coupe du monde de rugby à l'automne 2019, le Japon héberge également les Jeux olympiques de Tokyo 2020[3] ainsi que l'Exposition universelle de 2025 à Osaka. Ce qui séduit les visiteurs au Japon réside souvent dans cette image d'Épinal « entre modernité et tradition », avec une culture et une nature omniprésentes, un *soft power* (jeux vidéo, manga et animation, musique, cinéma) rayonnant dans le monde entier, ainsi que des aspects pratiques et confortables de la vie sur place, même de courte

1. Année de la catastrophe de Fukushima, causée par un séisme de magnitude 9 sur l'échelle de Richter et un tsunami dévastateur sur la côte Tohoku qui ont causé plus de 18 500 morts.

2. Dont environ 1 % de Français, les trois quarts du total étant générés par les visiteurs en provenance d'Asie (principalement, et dans l'ordre : Chine, Corée du Sud, Taïwan, Hong-Kong et Thaïlande).

3. Les Jeux olympiques de Tokyo 2020 devraient se tenir en 2021 avec la même appelation.

4. Voir les explications sur les *konbini* dans le chapitre sur *Shenmue*, p. 70.

durée : un sens du service incomparable, des aspects pratiques incontestables[4], une grande sécurité et une hygiène omniprésente. Ainsi, le Japon compte parmi le plus grand nombre de centenaires au monde ; en 2017, l'espérance de vie y était de quatre-vingt-sept ans pour les femmes et quatre-vingt-un ans pour les hommes, quasiment la plus élevée au monde. La politesse et le respect des règles faisant partie intégrante du fonctionnement huilé du groupe japonais, il est fortement conseillé de suivre les consignes de la vie en société et ne pas se faire remarquer : il convient donc d'éviter de crier ou courir dans les lieux publics, de couper les files d'attente, de montrer du doigt ou encore de toucher les personnes. Plus surprenant : on ne se mouche pas en public au Japon, mais on pourra renifler aussi bruyamment que l'on mange ses nouilles !

WATASHI WA

Le japonais est une langue assez particulière, composée de trois systèmes d'écriture complémentaires. Les kanjis 漢字, la pierre angulaire constituée d'environ deux mille caractères d'origine chinoise, sont combinés avec les kanas : les hiraganas ひらがな servent à écrire les mots japonais et les katakanas カタカナ ceux d'origine étrangère. Si l'écrit nécessite un long apprentissage par cœur pour maîtriser ne serait-ce que la lecture du journal (et bien que l'on puisse se repérer sur place avec une certaine facilité dès que l'on connaît quelques dizaines de kanjis), l'oral s'avère plus simple qu'il n'y paraît, le japonais étant

1. Institut National des Arts, Langues et Civilisations Orientales.

une langue non tonale, sans conjugaison ni déclinaisons. Il est possible de l'assimiler via des méthodes d'apprentissage de toutes sortes, à l'écrit ou en vidéo, ou encore dans le cadre de conversations avec des professeurs et/ou natifs, mais rien ne vaut l'apprentissage du japonais par la voie royale de l'université. Il existe une douzaine de départements universitaires dédiés répartis un peu partout en France, les plus connus étant ceux de Paris INALCO[1], Lille, Lyon, Strasbourg, Marseille, Toulouse ou encore Bordeaux. Deux filières principales permettent l'apprentissage : Langues Étrangères Appliquées et Langues, Littératures et Civilisations Étrangères .

Voici quelques mots de vocabulaire qui peuvent servir lors d'un voyage au Japon :

Bonjour (le matin)	*Ohayo gozaimasu*	おはようございます
Bonjour	*Konnichiwa*	こんにちは
Bonsoir	*Konbanwa*	こんばんは
Au revoir	*Sayonara*	さようなら
Merci	*Arigato*	ありがとう
De rien	*Do itashi mashite*	どういたしまして
Bonne nuit	*Oyasumi nasai*	お休みなさい
Excusez-moi	*Sumimasen*	すみません
Pardon	*Gomen nasai*	ごめんなさい
Enchanté	*Hajimemashite*	始めまして
Comment allez-vous ?	*O genki desu ka ?*	お元気ですか
Je suis Français	*Furansu-jin desu*	フランス人です
Je viens de France	*Furansu kara kimashita*	フランスから来ました
Je ne parle pas japonais	*Nihongo ga dekimasen*	日本語ができません
D'accord	*Wakarimashita*	分かりました
Gauche/droite	*Hidari/migi*	左 / 右
À votre santé !	*Kanpai !*	乾杯 !

LES QUATRE SAISONS DU JAPON

Situé dans l'hémisphère nord, à des longitudes proches de celles de la France, le Japon possède quatre saisons relativement marquées, complétées par quelques spécificités locales. Ainsi en hiver, il fait froid et sec de mi-décembre à fin février ; le printemps réchauffe et étale ses diverses floraisons[1] de mars à mai ; la saison des pluies prend le relais de mi-juin à mi-juillet environ ; en été il fait très chaud et humide jusqu'à début septembre ; l'été indien est plus agréable jusqu'à fin octobre malgré les typhons survenant principalement en deuxième partie d'été ; enfin, de mi-novembre à début décembre, les feuilles des érables rougissent. Le calendrier traditionnel japonais découpe même jusqu'à soixante-douze microsaisons de cinq jours chacune ! Sur cette base, les statistiques officielles de l'Office National du Tourisme Japonais[2] indiquent que les touristes étrangers sont les plus nombreux au Japon cinq mois par an : en avril, juillet, août, octobre et décembre. Les Français, eux, se concentrent d'abord sur avril puis sur les deux mois des vacances d'été. Si la période de fin mars-début avril attire énormément de visiteurs pour le court temps de floraison des cerisiers *sakura*[3], avec toutefois des hordes de touristes à supporter sur la *golden route*, je déconseillerais plutôt l'été à cause de ses températures élevées et, surtout, d'une hygrométrie très importante qui fait transpirer immédiatement et empêche de profiter pleinement du voyage. En revanche, je suggérerais les mois de mai et octobre pour leur climat plus agréable ou encore, si l'on supporte bien le froid, février pour son temps très clair, son faible nombre de touristes et conséquemment ses prix attractifs. Le Japon possède le plus grand nombre de jours fériés au monde (une petite vingtaine) pour pallier le fait que la majorité des salariés ne prennent pas l'ensemble de ses congés payés, pourtant en nombre relativement réduit. Certains de ces jours fériés sont regroupés pour former des semaines de vacances nationales, au cours desquelles de très nombreux Japonais en profitent pour partir quelques jours en congés. Ces périodes sont ainsi à éviter car elles impliquent des transports et lieux de visite parfois bondés, des choix restreints et des tarifs élevés en matière d'hébergement : on pense principalement à la *Golden Week* de fin avril à début mai, à *Obon* (la fête des morts) mi-août, ou encore à *Oshogatsu* entre fin décembre et début janvier.

Le décalage horaire entre la France et le Japon est de sept heures en été et de huit heures en hiver. L'Archipel a de l'avance sur l'Europe et le soleil s'y lève et couche plus tôt que sous nos latitudes, nécessitant des changements d'habitudes chrono-biologiques. Par ailleurs, le transport aérien représentant à la fois une longue durée[4] et un poste de dépense important dans le budget global d'un voyage au Japon, il est suggéré de ne pas séjourner moins d'une dizaine de jours sur place. La plupart des visiteurs occidentaux restent entre deux et trois semaines, mais la richesse et l'étendue des destinations à découvrir sur le territoire japonais appellent à des durées de séjour plus longues, si tant est que le budget puisse suivre. Quant aux séismes, ils ont lieu toute l'année de manière imprévisible et ne devraient pas empêcher les voyages au Japon.

« Les statistiques officielles de l'Office National du Tourisme Japonais indiquent que les touristes étrangers sont les plus nombreux au Japon cinq mois par an. »

1. **Principalement les pruniers, cerisiers, azalées, glycines et roses.**
2. **https://statistics.jnto.go.jp/en/graph/#graph--latest--figures**
3. **Voir le chapitre dédié dans les focus culture, p. 168.**
4. **Au minimum une douzaine d'heures en vol direct.**

COMBIEN ÇA COÛTE ?

▲ Certains *ryokan* (hôtels traditionnels) proposent des sources thermales naturelles (onsen) dans les locaux voire directement dans les chambres, mais le budget s'alourdit vite.

Voyager au Japon implique de prévoir un budget relativement conséquent, parmi les plus élevés pour un séjour dans un pays d'Asie.

Vols

Seules trois compagnies aériennes proposent des vols directs entre Paris et l'Archipel (Tokyo ou Osaka) : Air France et les deux japonaises All Nippon Airways et Japan Airlines. Il faut compter environ 800 à 900 € pour un vol direct en classe économique. La facture est environ multipliée par deux pour un siège en Premium Economy, par quatre ou cinq pour une place en classe Affaires (*Business*) et n'abordons même pas la Première Classe. Toutefois, en acceptant de voler avec une escale sur le chemin (en Europe, au Moyen-Orient ou en Asie), le tarif peut être abaissé autour de

au Japon s'appelle le *ryokan* ; on y dort sur un futon installé sur un sol recouvert de tatamis et l'on s'y fait servir les repas dans la chambre. Souvent plus haut de gamme, les *ryokan* ne se trouvent pas dans toutes les villes du Japon et sont souvent couplés avec des *onsen*, les sources thermales naturelles. D'autres hébergements insolites et meilleur marché existent, tels que les hôtels capsule (des cabines d'un mètre de large, de haut et deux de long avec un simple rideau en guise de porte) ou encore les manga cafés (des « boxes » individuels avec un siège douillet et une télévision), mais leur confort plus que spartiate ne permet pas d'y séjourner plusieurs jours d'affilée.

Transport sur place

Le réseau ferré est l'alpha et l'oméga du transport au Japon : dense, rapide, ponctuel et propre, il n'a pour ainsi dire que des qualités, ce qui implique un budget important pour l'emprunter. Au vu du tarif élevé des différents trains et en particulier du Shinkansen, ▶

600 €, voire encore moins en cas de promotions. Trois aéroports sont accessibles aux vols directs : Narita et Haneda[1] à Tokyo, ainsi que l'aéroport du Kansai proche d'Osaka. Voler avec une escale offre une gamme d'atterrissages beaucoup plus variée, du nord au sud du Japon.

Hébergement

Avec l'aérien, c'est le deuxième gros poste de dépense incompressible d'un séjour au Japon. Différents types d'hébergement sont disponibles mais le meilleur rapport qualité-prix réside souvent dans les hôtels à l'occidentale, appelés « business hotels » au Japon. Les prix varient énormément en fonction de la saisonnalité et naturellement du nombre d'étoiles, mais ce qui surprend généralement est la faible superficie des chambres à gamme équivalente. L'hébergement traditionnel

1. **Ce dernier étant situé beaucoup plus proche de la ville, il est fortement conseillé plutôt que Narita.**

▲ De nombreux sanctuaires shinto sont gratuits, alors qu'il faudra compter généralement quelques euros pour entrer dans un temple bouddhique.

l'excellent train à grande vitesse nippon, l'achat avant le départ d'un Japan Rail Pass tombe sous le sens pour l'écrasante majorité des voyages au Japon. Disponible pour une, deux ou trois semaines en Première ou classe ordinaire, il permet d'emprunter l'intégralité des voies de la compagnie nationale Japan Railways sur l'ensemble du territoire, en illimité pendant toute sa période de validité. Comptez à partir de 250 € environ. Il est à combiner avec la carte Suica, un porte-monnaie électronique valable partout au Japon[2] et qui permet d'emprunter l'ensemble des compagnies privées (par exemple le métro dans les grandes villes et les bus dans les campagnes), ainsi que de payer dans les boutiques, restaurants, supermarchés ou encore les distributeurs automatiques. Alternativement, il est envisageable de voyager en voiture de location mais au prix de quelques contraintes que sont la traduction obligatoire du permis de conduire au préalable, le coût important des péages, les limites de vitesse très basses, ainsi que la conduite à gauche.

Nourriture

Il s'agit d'un des postes de dépense paradoxalement les moins élevés. Les Japonais mangent très peu chez eux et des dizaines de milliers de restaurants existent un peu partout sur l'Archipel, à des horaires d'ouverture très larges et des tarifs plutôt attractifs. On peut faire un excellent repas pour l'équivalent d'une dizaine d'euros dans un « boui-boui » de quartier. Le poisson est bien entendu omniprésent mais la cuisine japonaise s'avère bien plus variée que les sushis importés en Occident. Si votre hébergement dispose d'une cuisine ou d'une kitchenette, il est également possible de faire ses courses en supérette ou supermarché pour préparer ses repas soi-même, par exemple en *bento* (panier-repas).

2. Sauf à Okinawa.

Autres dépenses

Prévoyez impérativement un budget Internet car les forfaits de données à l'étranger des opérateurs français pour le Japon sont hors de prix : l'idéal est de louer avant de partir un Pocket Wifi (boîtier Internet portatif), mais prenez garde à en choisir un haut débit et illimité. Comptez également en général quelques centaines de yens pour une visite dans un lieu tel qu'un temple, un musée, un jardin, un observatoire ou autre attraction touristique. Enfin, le budget souvenirs dépend de chacun mais pour les amateurs de *goodies* que nous sommes, le Japon possède un pouvoir d'attraction sans pareil !

Partir au Japon préparé, avec l'ensemble des réservations effectuées en amont, est indispensable pour profiter au mieux de son séjour. Si tous ces sujets et l'organisation d'un tel voyage vous submergent, il est possible de confier la conception et la réservation à une agence de voyages spécialisée. Veillez bien à choisir un prestataire travaillant uniquement sur la destination Japon et avec une offre privative sur mesure.

02

02 LES JEUX

Accès au quartier Akihabara :

- **Gare Akihabara** sur les lignes JR Yamanote ou Chiba
- **Station H15** sur la ligne Hibiya du Tokyo Metro

Magasins ouverts tous les jours de l'année, généralement de 10 heures à 20 heures.

Tous les dimanches après-midi, l'artère principale du quartier est piétonne.

Site officiel : https://akiba.or.jp/english

AKIBA'S TRIP 秋葉原

AKIHABARA

LA FRANCHISE ***AKIBA'S TRIP*** CONSISTE EN UNE SÉRIE DE JEUX VIDÉO DU DÉVELOPPEUR ACQUIRE, PARUE ENTRE MAI 2011 ET DÉCEMBRE 2016 SUR CONSOLES PLAYSTATION[1], PC ET SMARTPHONES, AINSI QU'UNE ADAPTATION ANIMÉE PAR LE STUDIO GONZO DIFFUSÉE ENTRE JANVIER ET MARS 2017. LE SECOND ÉPISODE DU JEU EST LE SEUL À AVOIR FRANCHI LES FRONTIÈRES DU JAPON ET À ÊTRE SORTI AUX ÉTATS-UNIS SOUS LE NOM ***UNDEAD & UNDRESSED***.

Le principe des titres est de se balader dans le fameux quartier d'Akihabara à Tokyo, dans un cadre *visual novel* où, au fil des nombreux textes, on effectue des choix afin de faire évoluer l'histoire. Le scénario met en proie le quartier d'Akihabara à une invasion de créatures appelées « Synthisters » qui se nourrissent de

1. **À commencer par la PlayStation Portable.**

2. **Érotisation un peu gratuite d'un jeu ou d'un manga/*anime* pour attirer les *otaku*.**

▲ Tous les dimanches après-midi, l'avenue principale d'Akihabara est piétonne.

l'énergie sociale des passants. Le but est de renforcer les liens affectifs entre le protagoniste et les autres personnages, alors que des phases de combat offrent d'affaiblir son adversaire en le déshabillant, dérive classique de ce qu'on appelle le *fan-service*[2].

Également connu par son diminutif « Akiba », le quartier se présente comme un lieu dédié aux *otaku*, les fans notamment d'*anime* et de jeux vidéo japonais, où l'on trouve des centaines de boutiques consacrées à la vente de produits électroniques ainsi que de *goodies* dérivés des séries les plus en vogue. On y trouve en particulier des mangas, DVD et jeux vidéo, ainsi qu'une kyrielle de figurines en tout genre, pour la partie émergée de l'iceberg. Akihabara étant connu pour son penchant un peu coquin voire pervers, les derniers étages des immeubles peuvent explorer des territoires érotiques bien entendu réservés aux adultes : productions amatrices *dojin(shi)*, contenus homosexuels *yaoi* et *yuri* pour hommes et femmes, ou encore toutes sortes de sous-genres et déviances insolites. On y trouve également des *maid cafés*, des sortes de bars *kawaii* (mignons) où les clients se font servir par des soubrettes qui leur proposent différents ▶

▲ **Acquire a mis un point d'honneur à reproduire le plus fidèlement possible les lieux les plus connus du quartier : carrefours et rues, gares, magasins...**

jeux de rôle. Parfois, en particulier le week-end, des *cosplayers* déambulent déguisés en leurs personnages de séries favoris. Enfin, même si beaucoup ont fermé ces dernières années, Akiba reste l'un des bastions résistants connus pour héberger les dernières grandes salles d'arcade du Japon, où l'on passera d'une borne de jeu vidéo à un *purikura*[3], sans parler des machines de *gashapon*[4] et de pêche aux peluches. Les développeurs d'*Akiba's Trip* ont pris la peine de recréer le plus fidèlement possible les artères principales du quartier, permettant par exemple d'entrer dans plus d'une centaine de magasins qui existent réellement. Sur les photos officielles de l'éditeur qui illustrent ces pages, on peut ainsi comparer la reproduction *in game* des parties les plus iconiques d'Akihabara. Il est certain que, malgré ses qualités ludiques plus que discutables, *Akiba's Trip* reproduit fidèlement l'ambiance de ce quartier tokyoïte.

3. **Photomaton *kawaii* où l'on peut modifier les visages et décorer virtuellement l'environnement de la photo avant de l'imprimer.**

4. **Machine à pièces distribuant des jouets.**

Même si le quartier a perdu de sa superbe au fil des années et surtout de l'explosion touristique depuis le début des années 2010 notamment, Akihabara reste un lieu de pèlerinage indispensable à tous les fans. On suggère d'abord de flâner dans le quartier depuis la sortie de la gare JR, entre les gratte-ciel décorés d'enseignes et d'immenses publicités pour la dernière série à la mode. La nuit, les néons prennent le relais. Entrez dans les magasins au gré de vos envies et n'hésitez pas à monter dans les étages pour découvrir des petites boutiques inattendues. Mais attention aux prix élevés, en particulier sur l'avenue principale ; la palme étant réservée à l'ultra-connu Super Potato, qui supporte de moins en moins les hordes de touristes étrangers. Le dimanche après-midi, l'entourage immédiat de la gare devient entièrement piéton.

On recommande également la visite de Nakano Broadway côté ouest de Tokyo, à l'opposé d'Akiba, pour son immense galerie marchande otaku qui n'a rien à envier au quartier de référence. À Osaka, on conseillera le district de Den-Den Town dans le quartier sud de Namba, où l'on pourra vraisemblablement réaliser de meilleures affaires.

Assassin's Creed Memories

Accès à l'île de Yonaguni :

- Par avion jusqu'à l'aéroport de Yonaguni, depuis Ishigaki (30 minutes) ou Naha (90 minutes) à Okinawa, ou depuis Taïwan.
- Par bateau depuis Ishigaki (4 heures de ferry).

Sur place, des excursions, avec ou sans plongée, permettent de s'approcher au plus près des structures pour environ 6 000 ¥.

Site web : http://www.yonaguni.jp/en

ASSASSIN'S CREED

DEPUIS LA SORTIE DE L'ÉPISODE INITIAL, ***ASSASSIN'S CREED*** FUT DÉCLINÉ PAR UBISOFT EN DE NOMBREUX ÉPISODES MULTIPLATEFORMES. ON COMPTE, DEPUIS 2007, DOUZE ITÉRATIONS « CANONIQUES » SUR AUTANT D'ANNÉES ÉCOULÉES (***1***, ***II***, ***BROTHERHOOD***, ***REVELATIONS***, ***III***, ***IV/BLACK FLAG***, ***ROGUE***, ***UNITY***, ***SYNDICATE***, ***ORIGINS***, ***ODYSSEY***, ***VALHALLA***), COMPLÉTÉES PAR DES ÉPISODES PLUS MINEURS, GÉNÉRALEMENT SUR DES SUPPORTS ANNEXES COMME LE MOBILE. LES JEUX RETRACENT DES ÉVÉNEMENTS MAJEURS DE L'HISTOIRE VIA LE PRISME D'UNE GUERRE SÉCULAIRE ENTRE LES ASSASSINS ET LES TEMPLIERS.

*Peu connue, même des plus fervents amateurs de la série, l'adaptation en manga d'*Assassin's Creed IV *a été publiée en deux tomes entre 2013 et 2014 par la grande maison d'édition nipponne Shueisha. Baptisée* 覚醒 Kakusei *ou* Awakening *dans sa traduction française (!) éditée par Ki-oon en 2014, elle est l'œuvre conjointe du scénariste Takashi Yano et du mangaka Kenji Oiwa. Dans cette réinterprétation de* Black Flag, *c'est un jeune Japonais, appelé Makoto, qui revit l'histoire du pirate Edward Kenway pour le compte d'Abstergo.*

Si Yonaguni est seulement citée dans *Assassin's Creed*, l'épisode *Odyssey* de 2018 offre à parcourir l'Atlantide, berceau de l'humanité, dans une carte dédiée. ▼

▲ La première version de l'Animus dans *Assassin's Creed*.

Assassin's Creed Odyssey

À la fin d'*Assassin's Creed* premier du nom, le joueur qui utilise la vision de l'aigle du protagoniste Desmond Miles, à l'intérieur du laboratoire du projet Animus dans les locaux d'Abstergo, fait apparaître différentes écritures et iconographies tracées avec du sang par ses prédécesseurs (notamment Clay Kaczmarek alias le « Sujet 16 ») puis nettoyées par le personnel à la solde des Templiers modernes. Parmi ces traces, on lit « Yonaguni », comme un indice qui se réfère à l'une des îles de l'archipel Yaeyama (dans l'ancien royaume du Ryukyu, entre Okinawa et Taïwan dans la mer de Chine), celle connue comme la plus à l'ouest du Japon[1]. Il est possible de s'y rendre en ferry depuis l'île d'Ishigaki située à une centaine de kilomètres à l'est. Si les chercheurs se divisent à son sujet, en particulier sur son caractère ▶

Assassin's Creed

1. Plus spécifiquement le cap Irizaki, lui-même le plus à l'ouest de l'île.

artificiel ou naturel, on y a découvert en 1995 une structure sous-marine de soixante-quinze mètres de long sur vingt-cinq de haut, au sein d'un site de vingt-huit kilomètres carrés. Ces bâtiments, considérés par certains comme les plus anciens de l'histoire de l'Homme, la catapultent ainsi comme l'un des berceaux de l'Humanité. Cité supposément enfouie sous les eaux, elle contiendrait des traces de formes de vie intelligentes remontant à l'ère préhistorique, même si les datations scientifiques la situent plutôt aux alentours de 10 000 ans avant Jésus-Christ. Si ses formations rocheuses sous-marines sont les plus intrigantes au regard de leur

Assassin's Creed Odyssey

Vestiges de l'île sous-marine Yonaguni.

Assassin's Creed Odyssey

Sorti en août 2014 sur l'App Store, le catalogue d'applications iOS (iPhone et iPad), Assassin's Creed Memories *fut développé par les Japonais de playNext et Gree. Ce jeu de stratégie propose de collecter des cartes dans le but de combattre diverses cibles. Le mode multijoueur fait s'affronter des guildes de vingt joueurs à travers des périodes historiques différentes, dont le Japon féodal.*

▲ Une vue de l'artiste Diego Velazquez de ce que serait *Assassin's Creed* dans le Japon féodal.

origine artificielle ou naturelle, elles alimentent en tout cas les légendes qui veulent que Yonaguni serait une sorte d'Atlantis japonaise. Le fantasme de bon nombre de fans de pouvoir visiter l'Atlantide dans un *Assassin's Creed* ayant été exaucé dans un contenu additionnel de l'épisode *Odyssey*, sorti en 2019, les rumeurs d'un volet basé au Japon, persistantes depuis 2007, ont alors été relancées. On parle de différentes époques plus particulièrement, mais l'histoire féodale japonaise étant très riche et variée[2], fourmillant de complots et trahisons, il est évident qu'elle constituerait un terrain de jeu fascinant pour y héberger l'univers des Assassins.

2. Voir le focus culturel abordé dans la seconde partie du livre, p. 92.

Assassin's Creed Odyssey

CATHERINE

> Le plus grand Starbucks du monde, intitulé « Reserve Roastery », se trouve à Tokyo dans le quartier huppé de Nakameguro. Il est à équidistance (environ 500 mètres à pied) des gares de :
>
> - **Daikan-Yama** (Tokyo Metro ligne Toyoko)
> - **Naka-Meguro** (Tokyo Metro lignes Hibiya ou Toyoko)
> - **Shinsen** (train Keio ligne Inokashira)
>
> Site officiel : starbucksreserve.com/en-us/locations/tokyo

JEU DE PUZZLE NARRATIF D'ATLUS SORTI SUR PLAYSTATION 3 ET XBOX 360 EN 2011, ENTRE DEUX ÉPISODES DE LA SÉRIE ***PERSONA***, ***CATHERINE*** S'EST MOINS DÉMARQUÉ POUR SES QUALITÉS LUDIQUES QUE POUR SON RÉCIT PARANOÏAQUE ET SA DUALITÉ DE FEMMES FATALES TYPIQUEMENT JAPONAISES : LA BLONDE CHIPIE ET *KAWAII*, ET LA BRUNE PLUS FROIDE ET DISTANTE.

Si ses nuits insomniaques sont ponctuées de cauchemars au cours desquels le joueur fait face à des puzzles-plate-formes alambiqués, durant la journée le protagoniste Vincent Brooks doit interagir avec d'autres personnages, principalement des amis masculins et des femmes séductrices, dans un café connu sous le nom de Stray Sheep[1]. On y trouve des sièges au comptoir, d'autres organisés en « boxes » carrés, une borne d'arcade, un jukebox, un distributeur automatique, une télévision et bien sûr les toilettes. Le lieu est une sorte d'agrégat de différents types de commerces que l'on peut trouver au Japon, bien que le jeu localise l'action dans une ville nord-américaine non définie. Les Japonais aiment segmenter ces établissements ; celui de *Catherine* est un melting-pot de chaînes de cafés tout public à la Doutor ou Starbucks (pour ses tables disposées

1. Littéralement « le bar du mouton égaré ».
2. Employés de bureaux en costume-cravate.

Outre Catherine la blonde et Katherine la brune, la version HD de Catherine*, intitulée* Full Body *et sortie en 2019, a ajouté une troisième femme séductrice de Vincent : Qatherine alias Rin, la fille amnésique aux cheveux roses qui joue du piano dans le café. Les différentes fins du jeu donnent à découvrir des épilogues du plus réaliste (Vincent se marie avec l'une des Catherine) au plus fantasque (il visite l'espace ou devient le roi des enfers).*

▼ Le joueur passe beaucoup de temps au Stray Sheep bar pour faire avancer l'intrigue.

Catherine

▼ Au Japon, on invite peu ses amis chez soi ; on se retrouve beaucoup plus dans des cafés-restaurants.

Catherine

dans un lieu relativement vaste), de bars à vin, cocktails ou whisky plutôt fréquentés par des *salarymen*[2] (pour son comptoir où le serveur attend et effectue les commandes), des petits bars de campagne (pour leur jukebox ou la diversité des clients) ou encore des *izakaya* (des bars de soirée à l'ambiance plus feutrée, où l'on peut déguster des tapas en buvant de l'alcool). Le distributeur automatique, lui, viendra plutôt des *konbini*.

DRIVECLUB

DRIVECLUB EST UN JEU AUTOMOBILE DÉVELOPPÉ PAR EVOLUTION STUDIOS ET SORTI SUR PLAYSTATION 4 EN 2014. PROPOSÉ COMME UN TITRE ÉVOLUTIF INITIALEMENT PENSÉ POUR LE PLAYSTATION PLUS, IL A BÉNÉFICIÉ DE NOMBREUSES MISES À JOUR DE *GAMEPLAY*, MAIS SURTOUT DE CONTENUS, (COURSES, VÉHICULES, ÉVÉNEMENTS ET CONDITIONS MÉTÉOROLOGIQUES) QUI LUI ONT PERMIS DE SORTIR DE LA TORPEUR DANS LAQUELLE IL EST TOMBÉ APRÈS SES PREMIERS MOIS DE VIE, CETTE VERSION INITIALE RESSEMBLANT PLUTÔT À UNE BÊTA.

Beaucoup des circuits de DriveClub sont localisés dans des régions rurales, peu attractives pour les touristes. Parmi celles-ci, une seule ressort réellement : le tracé du Nakasendo et ses soixante-neuf villes-étapes étalées sur plus de 500 kilomètres. Le tronçon le plus apprécié des voyageurs reste le Magome-Tsumago, sur 8 kilomètres, à rejoindre grâce au train Shinano *en une petite heure depuis Nagoya.*

En janvier 2015, seulement trois mois après sa sortie, le jeu est mis à jour dans sa version 1.1 qui lui ajoute notamment cinq circuits basés au Japon : Goshodaira, Nakasendo, Lake Shoji, Takahagi Hills et Asagiri Hills. Deux autres mises à jour viendront compléter cette liste avec Kobago et Gujo, respectivement les patches 1.11 et 1.28. Ces sept lieux existent réellement au Japon : Goshodaira est une région montagneuse dans la préfecture de Nagano, entre le mont Fuji et les Alpes japonaises, proche de Gujo dans la préfecture de Gifu ; Nakasendo est l'une

1. Environ 15 000.

2. Voir le focus culture dédié dans la seconde partie de l'ouvrage, p. 168.

À la différence de DriveClub *qui propose des parcours sous forme d'étapes (d'un point A à un point B), les différentes itérations de* Gran Turismo*, de par leur statut de simulation automobile, ont comporté une dizaine de circuits fermés existant au Japon. Parmi eux, on retiendra surtout Suzuka et Tsukuba, bien connus des amateurs de Formule 1, ou encore différentes déclinaisons de l'autoroute encerclant Tokyo.*

des cinq routes d'Edo, qui reliait notamment Tokyo et Kyoto avant l'apparition des véhicules à moteur ; Shoji est le plus petit des cinq lacs du mont Fuji ; Takahagi est une petite ville de la côte du Tohoku, dans la préfecture d'Ibaraki au nord de Tokyo ; Asagiri lui ressemble, mais avec deux fois moins d'habitants[1] et dans la préfecture de Kumamoto sur l'île méridionale de Kyushu ; enfin, la côtière Kobago se trouve dans la préfecture de Nagasaki. *DriveClub* s'inspire de leurs esthétiques locales respectives pour concevoir des tracés à la touche nipponne, ponctués de cerisiers en fleur[2] et de pagodes calquées sur les temples bouddhiques. Il est possible de retrouver ces lieux au Japon, sans cette dernière ambiance fantasmatique toutefois, en se rendant sur place.

▼ Le légendaire circuit de Suzuka, proche de Nagoya, est bien connu des amateurs de sports mécaniques.

DriveClub Bikes

▲ Départ arrêté d'une course moto au Japon.

GHOST OF TSUSHIMA

対馬 TSUSHIMA

> **Pour aller à Tsushima, deux modes de transport possibles :**
>
> - **L'avion**, environ 30 minutes depuis Nagasaki ou Fukuoka jusqu'à l'aéroport de Tsushima.
> - **Le bateau** depuis Fukuoka-Hakata, vers le port d'Izuhara : 2 heures en hydroglisseur ou 4 h 30 en ferry.

EXCLUSIVITÉ PLAYSTATION 4, LE MAGNIFIQUE JEU EN MONDE OUVERT ***GHOST OF TSUSHIMA***, SORTI EN 2020, EST DÉVELOPPÉ PAR LE STUDIO SUCKER PUNCH, À QUI L'ON DOIT LES LICENCES ***SLY*** ET ***INFAMOUS***. IL TIRE EN PARTIE SON INSPIRATION DES FILMS D'AKIRA KUROSAWA TELS QUE ***LES SEPT SAMOURAÏS***.

L'histoire se déroule à Tsushima, dans le détroit éponyme situé à mi-chemin entre l'île méridionale de Kyushu, au Japon, et la Corée du Sud, notamment Busan. L'île principale, d'une superficie d'environ 700 kilomètres carrés, est connue pour avoir été découpée en trois parties par deux canaux maritimes, d'abord en 1671 puis en 1900 ; elle se divise aujourd'hui en deux parties principales (nord et sud) rejointes par une petite île au milieu. L'archipel Tsushima, dans son entier, est constitué d'une centaine d'îles. Le jeu y met en scène le personnage fictif de Jin Sakai[1] qui incarne le supposé « dernier samouraï » au cœur de la bien réelle première invasion

1. **Interprété par l'acteur peu connu Daisuke Tsuji, qui campait notamment un soldat dans *Les Lettres d'Iwo Jima* (2006) de Clint Eastwood.**
2. **Bien aidés par l'ouverture d'une ligne de ferries à grande vitesse depuis Busan en 1999.**
3. **Une douce moyenne de 25°C en juillet-août, très agréable au Japon.**
4. **En partenariat avec l'équipe du jeu, la ville de Nagasaki a réalisé un site web touristique très spécial, véritable passerelle interactive entre jeu vidéo et histoire.**

www.nagasaki-tabinet.com/nagasaki-tabinet/statics/ghost_of_tsushima/en/

À ne pas confondre avec la ville de Tsushima dans la préfecture d'Aichi aux abords de Nagoya, l'île et le détroit du même nom sont également célèbres pour avoir hébergé la bataille navale entre Russes et Japonais fin mai 1905, qui a fait plus de 4 000 morts et près de 6 000 blessés, et s'est soldée par une large victoire nipponne.

▲ L'intrigue du jeu prend place dans une Tsushima désolée par la guerre ; aujourd'hui, le tourisme invite à une découverte balnéaire des lieux.

mongole en 1274, dans son combat pour l'indépendance du Japon.

Il est tout à fait possible de visiter l'île aujourd'hui, notamment depuis Kyushu, puisque Tsushima dispose de son propre aéroport. Le tourisme est d'ailleurs l'un des forts attraits économiques du lieu, avec plusieurs centaines de milliers de voyageurs par an, en partie grâce aux nombreux visiteurs coréens, encore plus nombreux que leurs homologues japonais[2] à venir la découvrir. Il est possible d'y prévoir des randonnées en pleine nature ou du farniente sur la plage, profitant d'un agréable climat en été[3], à la découverte d'une faune abondante et d'une flore luxuriante. Au large de Nagasaki[4] toutefois, les touristes préfèrent généralement les îles Goto ou Iki.

Le jeu récompense l'infiltration pour évoluer comme un samouraï.

HITMAN 2 SILENT ASSASSIN

Hokkaido, deuxième plus grande île du Japon, est souvent exclue des itinéraires de primo voyageurs, pourtant elle a énormément à offrir : de gigantesques parcs naturels, la grande ville de Sapporo, un immense domaine skiable de grande qualité ou encore des festivals des neiges sublimes en hiver. Depuis Tokyo, il faut compter une heure et demie d'avion ou au minimum quatre heures de Shinkansen pour se rendre à Hokkaido.

SORTI EN 2002 SUR PS2, XBOX ET PC, PUIS L'ANNÉE SUIVANTE SUR GAMECUBE, LE JEU D'INFILTRATION ***SILENT ASSASSIN*** EST LA SUITE DU PREMIER ***HITMAN*** DANS LEQUEL LE JOUEUR CAMPE UN ASSASSIN CONNU SOUS LE NOM D'AGENT 47.

Le Japon est l'une des six destinations parcourues dans le jeu, aux côtés de l'Italie, la Russie, la Mongolie, l'Afghanistan et l'Inde. Lors d'un contrat à Saint-Pétersbourg, l'Agent 47 élimine des mafieux russes possédant une mallette qui contient des liasses de yens, l'orientant alors vers le Japon pour quatre missions à la poursuite du trafiquant d'armes et chef de gang yakuza Masahiro Hayamoto. Afin de trouver son repaire, il élimine d'abord son fils, à l'aide d'un couteau de cuisine destiné à préparer du fugu[1], sur le cadavre duquel il place un traceur GPS. Ce dernier le mène au château fictif de Katsuyama, que le jeu situe dans les montagnes enneigées de Kurokiyama, proches du mont Fuji, dans le centre du Japon sur l'île de Honshu. Parmi les gardes d'Hayamoto, postés dans cette ancienne forteresse en bois et en pierre, avec ses tuiles de céramique, construite pendant l'époque Edo et réaménagée avec les technologies les plus modernes, on note des ninjas armés de katana. Kurokiyama existe réellement mais est très peu accessible et reste peu pratiquée par les touristes, à l'exception de quelques pèlerins shintos. À noter que le château de Katsuyama existe aussi mais se trouve dans la préfecture de Fukui, beaucoup plus à l'ouest et proche de Kyoto ; on peut en visiter les ruines des remparts ainsi que la base du donjon et une reproduction à six étages sert de musée, où l'on peut découvrir des reliques d'Edo.

1. Un poisson qui, mal préparé, peut libérer un poison fatal et tuer en quatre à six heures.

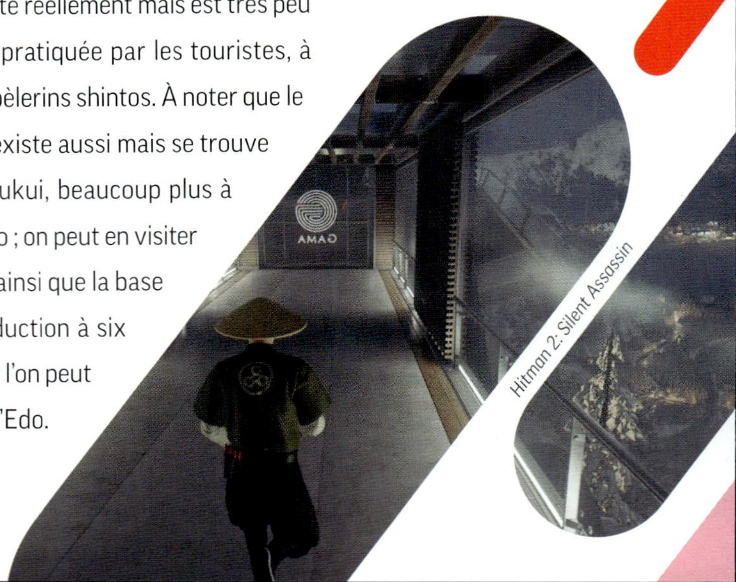

Hitman 2: Silent Assassin

Dans le reboot du jeu sorti en 2016, notre tueur chauve retourne au Japon, cette fois sur l'île septentrionale de Hokkaido. Dans la dernière mission de la première saison du jeu, 47 se rend dans un hôpital privé nommé Gama pour y assassiner l'avocate Yuki Yamazaki. Le niveau graphique, évidemment beaucoup plus élevé presque quinze ans plus tard, détaille en extérieur d'immenses lacs et des chaînes montagneuses typiques du décor d'Hokkaido.

▼ Le décor à Hokkaido retrace assez fidèlement l'ambiance glaciale de la grande île du nord japonaise, avec son territoire dédié aux sports d'hiver.

Hitman 2016

Kane & Lynch : Dead Men

Dans un genre analogue, la série Kane & Lynch : Dead Men *a également mis en scène le Japon, et particulièrement Tokyo, en proie à des mercenaires. Dans le court dixième chapitre du premier épisode du* third person shooter *sorti en 2007, nos protagonistes fuient une tour avant d'affronter la police et les forces spéciales par armes à feu interposées, jusqu'au point d'extraction situé près d'un terminus de bus. On reconnaît vaguement Tokyo puisque la ville est annoncée dans le titre du niveau, notamment à l'aide de ses autoroutes aériennes, ses taxis, ses voitures de police, ses* konbini *ou encore ses passages piétons au-dessus des grandes avenues, mais la modélisation de la ville ne fera pas non plus date dans l'histoire du jeu vidéo.*

JET SET RADIO

Shibuya est l'un des grands quartiers de Tokyo, accessible par sa gare du même nom, notamment sur les lignes JR. Ses boutiques sont généralement ouvertes de 10 heures à 20 heures et il est possible de passer beaucoup de temps à se perdre dans ses collines.

JET SET RADIO EST UN JEU DREAMCAST DÉVELOPPÉ PAR SMILEBIT ET SORTI EN JUIN 2000. CONNU POUR AVOIR POPULARISÉ LA TECHNIQUE DU *CEL-SHADING*[1], LE TITRE PREND PLACE DANS UN UNIVERS *UNDERGROUND* TRÈS APPRÉCIÉ DES ANNÉES 1990, MÊLANT ROLLER, GRAFFITI ET HIP-HOP[2].

Le principe est de parcourir les rues, notamment de Tokyo, pour effectuer des figures et tagger les quartiers en échappant aux forces de police menées par le capitaine Onishima et au gang yakuza des Golden Rhinos, secrètement contrôlé par le groupe financier Rokkaku. Après la chute de la dernière console de SEGA, sa suite *Jet Set Radio Future* paraît sur Xbox en février 2002 et prend un léger virage électro tout en conservant l'esprit et l'ambiance initiaux.

Le jeu offre deux territoires principaux : Tokyo-To[3], la capitale nipponne où se déroulent tout le premier et le troisième tiers de l'aventure, et Grind City, librement inspirée de New York. Le protagoniste Beat et la bande des « GG's », que contrôle le joueur, se déplacent en rollers en écoutant la radio pirate du DJ Professor K, intitulée *Jet Set Radio*. Leur fief, que l'on peut arpenter en long et en large dans le jeu, se situe à Shibuya, d'après le fameux district éponyme tokyoïte, décrit comme le quartier le plus branché de la capitale. Et pour cause : Shibuya est souvent cité dans la vie réelle comme temple de la mode japonaise, le lieu où les nouvelles tendances, parfois mondiales, se font. Largement rénové en vue des Jeux olympiques

▲ Haut lieu du shopping, Shibuya attire également un grand nombre de touristes étrangers. Contrairement au jeu, les descentes de police n'y sont pas monnaie courante !

1. **Traduisible par « ombrage de celluloïd », la technique d'éclairage consiste à aplatir les couleurs pour leur conférer un aspect cartoon. Il sera réutilisé notamment dans *The Legend of Zelda : The Wind Waker* sur GameCube fin 2002 ou encore *Ôkami* sur PlayStation 2 en 2006.**

2. **L'un des artistes principaux de l'excellente bande-son du jeu est Hideki Naganuma.**

3. **En japonais, il s'agit de la dénomination administrative de la ville qui fait référence à son statut de capitale du pays.**

渋谷

SHIBUYA

de Tokyo 2020, le grand quartier abrite de nombreux centres commerciaux tous plus gigantesques et modernes les uns que les autres. *Jet Set Radio*, peut-être à cause des limitations techniques de la Dreamcast, le concentre dans un univers moins grandiose, mais on y reconnaît des inspirations très nettes dans la station de bus ou encore ses collines caractéristiques. Deux autres quartiers composent la Tokyo-To de *Jet Set Radio* : la nocturne Benten-cho qu'on devine inspirée des artères plus chaudes de Kabukicho à Shinjuku, et Kogane-cho, quartier résidentiel populaire relativement commun au Japon. ▶

Jet Set Radio Future

Jet Set Radio, *ode à une culture* underground *somme toute classique vue de l'Occident, sonne pourtant comme très transgressif d'un point de vue japonais. Ses protagonistes n'ont pas de règles, ils bousculent les gens dans la rue, posent des graffitis partout jusque sur les voitures de police, dégradent le matériel public et écoutent leur musique très fort dans un pays qui aime les règles, la discrétion et le respect du groupe avant tout. Le jeu peut agir comme une véritable catharsis pour les Japonais qui supporteraient mal la pression permanente de la société. Mais* Jet Set Radio *est également plus profond, formulant une critique habile du système de conglomérats japonais puissants et écrasants, ou encore des relations entre les grands groupes financiers et la mafia des yakuzas.*

La suite, *Jet Set Radio Future*, va beaucoup plus loin dans la représentation de Tokyo. Destinée avant tout à convertir commercialement (sans grande réussite) le très réfractaire public japonais à la marque Xbox, le jeu mêle de véritables quartiers à des zones plus fantastiques. Ainsi, on retrouvera toujours notre groupe dans sa base de Shibuya et autour, notamment son terminus de bus, les collines de Dogenzaka et de Kibogaoka (à Yokohama pour cette dernière), l'éternelle avenue Chuo, le district des gratte-ciel, les autoroutes aériennes ou encore les immenses égouts de la ville. Il est possible de visiter tous ces lieux à Tokyo, dans des versions moins « cartoonesques » naturellement, et même le réservoir de Kusakabe à Saitama baptisé « le temple souterrain » : un espace de près de 14 000 mètres carrés soutenu par 59 piliers de béton de 500 tonnes chacun, accessible par un petit escalier de 116 marches et destiné à protéger Tokyo en cas d'inondations massives.

JOYSOUND
MARK CITY
品川美容外科
コンタクトのアイシティ
ガスト
AEON

La grande salle d'arcade SEGA de Shibuya s'appelle High-Tech Land. Elle est ouverte tous les jours de 10 heures à minuit. On la trouve sur l'avenue Meiji-dori, à seulement 200 mètres de la gare principale, de l'autre côté de la sortie Hachiko.

Site officiel : http://tempo.sega.jp/am/HLS-shibuya

LAST BRONX

JEU DE COMBAT EN 3D DE LA GRANDE ÉPOQUE ARCADE DE SEGA, ***LAST BRONX*** EST D'ABORD SORTI SUR BORNES D'ARCADE À L'ÉTÉ 1996 AVANT D'ÊTRE PORTÉ SUR SATURN ET PC LES DEUX ANNÉES SUIVANTES.

Malgré son genre qui ne le nécessite pas forcément, *Last Bronx* a travaillé un univers et une narration bien particuliers autour d'une Tokyo dystopique post-bulle spéculative[1]. Dans cette version de la capitale japonaise où le krach économique a eu des conséquences beaucoup plus lourdes que dans la réalité, les bandes organisées s'affrontent et font régner le crime. Ainsi, le jeu imagine de puissants gangs qui tiennent des quartiers bien connus de Tokyo : Haneda autour de l'aéroport, Shinjuku, Shibuya, Roppongi, le Rainbow Bridge en direction d'Odaiba, les métros souterrains de la mégapole et les moins connues Katsushika et Takeshiba. Ainsi, malgré les capacités graphiques limitées de l'époque, à base de carte Model 2, un œil averti et habitué à ces décors de la capitale nipponne reconnaîtra les *stages* du jeu tirés d'environnements réels. La zone de Hiroshi/Tommy reproduit même,

1. Entre 1986 et 1991, l'économie japonaise a connu une grande inflation, en particulier sur la Bourse et l'immobilier, avec des échelles d'un à cinq. L'explosion de la bulle, qui a pris plus de dix ans, a entraîné le Japon dans la déflation et la hausse du taux de chômage.

2. Nom japonais de la « salle d'arcade ».

3. Le TGV japonais.

Outre ses dix courts-métrages animés servant de séquences d'introduction et de fin du jeu, réalisés par Telecom Animation, Last Bronx *a fait l'objet d'adaptations pluri-médias au Japon, du manga au* drama *radiophonique, en passant par un film en prises de vue réelles réalisé par Takashi Shimizu, connu notamment pour les films d'horreur* Ju-on/The Grudge*.*

certes de manière épurée, le Game Center[2] SEGA de Shibuya à Tokyo.

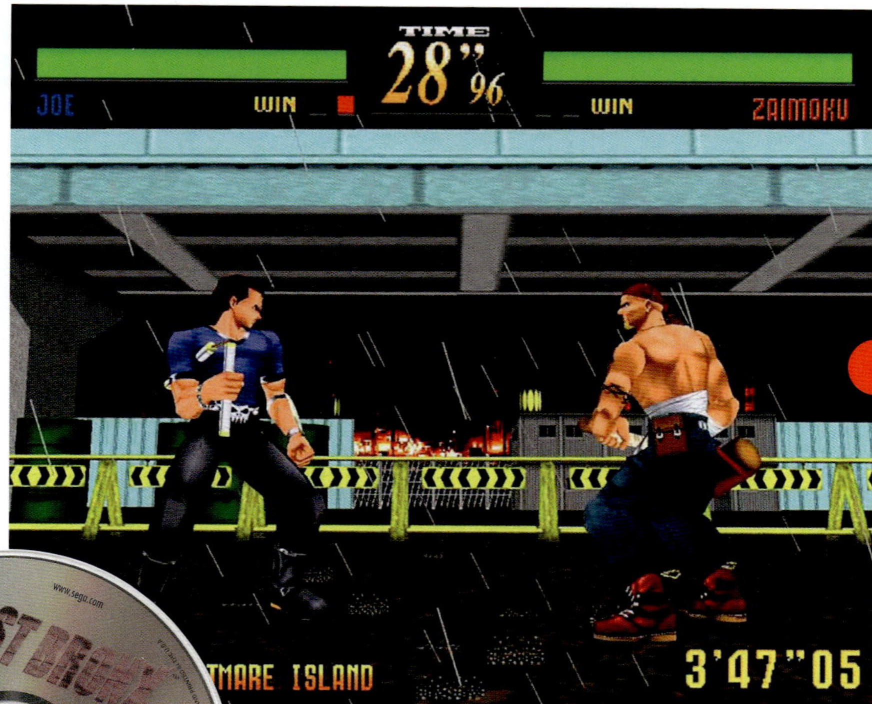

Les personnages de *Last Bronx* s'affrontent à l'aide d'armes, parmi lesquelles des grands classiques nippons comme les épées de métal ou de bois, des nunchakus, des saïs, ou des tonfas d'Okinawa. Mais les accessoires rivalisent également d'une inventivité loufoque toute japonaise, dans une gamme qui accueille ainsi, pour se battre, un Shinkansen[3] miniature, du maïs, un thon congelé, un éventail, des parapluies, un balai, des baguettes pour manger ou encore une spatule, une cuillère et une fourchette !

Mario Kart 8 Deluxe

La société Street Kart est située à Shinkiba, dans la baie de Tokyo. L'activité est réservée aux personnes majeures munies d'une traduction officielle de leur permis de conduire en japonais, l'expérience est facturée à partir de 8 500 ¥ (environ 75 €) pour un tour d'une heure.

Réservations sur kart.st/en/booking_tokyobay.html

MARIO KART

▲ Les karts du jeu ont beaucoup évolué, jusqu'à l'anti-gravité du dernier épisode, mais les 4 roues restent indémodables chez MariCar !

FAMEUSE SÉRIE DE NINTENDO DEPUIS SA PREMIÈRE APPARITION SUR SUPER NINTENDO EN 1992, ***MARIO KART*** A ÉTÉ DÉCLINÉ EN UNE DIZAINE D'ÉPISODES SUR TOUTES LES CONSOLES DU CONSTRUCTEUR KYOTOÏTE DEPUIS BIENTÔT TRENTE ANS, Y COMPRIS SUR BORNES D'ARCADE ET MÊME PLUS RÉCEMMENT SUR SMARTPHONES.

Bien entendu, aucun des circuits imaginés par les développeurs de Nintendo n'est inspiré de lieux réels au Japon. Tous sont des déclinaisons autour du royaume Champignon, l'univers originel de Mario, ou le fruit de variations des jeux de la saga à travers des thèmes récurrents : la glace, le volcan, la jungle, la plage, etc. La plupart des protagonistes ont en outre bénéficié de leur propre circuit plus ou moins inspiré de leur personnage : Mario, Luigi, Peach, Yoshi, Toad, Donkey Kong, ainsi que l'antagoniste Bowser et ses acolytes tels que Boo, Maskass,

1. Dans la vraie vie.

2. Les Japonais en sont friands, les apocopes sont des abréviations de mot (ou de groupe de mots) qui conservent les sons des premières syllabes.

Koopa Troopa, Wario ou encore Waluigi. Des cross-overs ont même été rendus possibles depuis *Mario Kart 8* avec des circuits inspirés des univers de *Zelda*, *Splatoon*, *Excitebike*, *F-Zero* et *Animal Crossing*.

Au-delà de ces univers fantasmatiques, c'est directement au Japon que l'on peut expérimenter une session de *Mario Kart* « IRL[1] », via la société anciennement connue sous le nom de Marikar. Cette apocope[2], habituelle en langue japonaise, rappelle le petit nom donné par les Nippons à la série de Nintendo : マリ(オ)カー(ト). Mais des litiges juridiques l'opposent depuis des années au constructeur qui n'apprécie pas de voir son image et celle de ses protagonistes associées à une société touristique qui propose des tours de karts lancés jusqu'à 60 km/h sans port de casque en plein cœur de mégapoles comme Tokyo, Kyoto, Osaka, Yokohama ou encore Naha sur l'île d'Okinawa. Marikar est donc devenue Street Kart en septembre 2018, au terme d'un procès perdu qui lui a également coûté 10 millions de yens d'amende (environ 80 000 €), puis d'un second à l'issue cinq fois plus lourde quelques mois plus tard pour violation de propriété intellectuelle. Le principal grief de la firme au plombier venait de la possibilité donnée aux clients de se déguiser en personnages comme Mario, Yoshi ou Pikachu (cherchez l'erreur) à l'aide de *kigurumi*, ces combinaisons japonaises en forme de grenouillères. Ce n'est donc plus possible depuis.

Super Mario Kart

▲ **D'autres déguisements étaient également disponibles, mais la plupart des clients choisissaient les costumes de l'univers *Mario*.**

Mario Kart 8

Hongu Sengen Taisha est l'un des spots les plus appréciés de Fujinomiya, rapidement accessible depuis la gare du même nom ou Nishi-Fujinomiya. Le sanctuaire est ouvert tous les jours de l'année de 6 heures à 19 heures, en accès libre.

Site officiel : fuji-hongu.or.jp/sengen

OKAMI 富士宮市

FUJINOMIYA

OKAMI EST UN JEU DU STUDIO CLOVER, ÉDITÉ PAR CAPCOM SUR PLAYSTATION 2 EN 2006. PLUSIEURS VERSIONS HAUTE DÉFINITION ET REMASTÉRISÉES SONT SORTIES DEPUIS SUR D'AUTRES CONSOLES SONY OU CONCURRENTES, AINSI QUE SUR PC. SUCCÈS CRITIQUE INCONTESTABLE, LE JEU DISPOSE ENCORE AUJOURD'HUI D'UNE FORTE COTE DE POPULARITÉ, POUR SON AVENTURE À LA _ZELDA_ DANS UN UNIVERS TRADITIONNEL NIPPON DÉLICIEUX. UNE SUITE INTITULÉE _OKAMIDEN_ A VU LE JOUR SUR DS EN 2010.

Okami se présente comme une plongée dans l'univers de la mythologie japonaise. Ode à « *Nippon* », le Japon d'antan, ses références précises ne se découvrent pas dans un lieu spécifique de telle préfecture ou telle ville au Japon, mais elles sont distillées, égrainées partout sur le territoire, dans ce qu'il a de plus traditionnel : ici un sanctuaire shinto, là une tombe sacrée, ailleurs un musée qui regroupe des biens culturels ancestraux. Dans le scénario, le joueur prend possession d'Amaterasu, la déesse[1] du Soleil et de la Lumière, elle-même réincarnée dans la statue du loup blanc Shiranui.

1. En japonais, « kami ».

2. Ici présenté comme un froussard, à l'origine accidentelle même du réveil de Yamata-no-Orochi.

3. Voir le focus culture dédié, p. 114.

Le titre est une sorte de jeu de mots. Écrit tel qu'il l'est sur la jaquette japonaise, 大神 signifie « la grande déesse » et fait évidemment référence à Amaterasu. Mais son homophone 狼, dans une acception beaucoup plus habituelle, signifie tout simplement « le loup », en soulignant la forme que prend notre protagoniste dans le jeu.

▼ Les sanctuaires shinto offrent de nombreux rituels tout au long de l'année ; il n'est pas rare d'y assister par hasard lors d'un voyage au Japon.

Après la résurrection du démon dragon Yamata-no-Orochi, le monde est envahi par les ténèbres, que doit anéantir Amaterasu, accompagnée d'Issun, microscopique artiste équipé du pinceau céleste. De nombreux personnages et accessoires vus dans *Okami* sont directement tirés de la mythologie shintoïste. On retrouve ainsi, outre nos deux protagonistes, les dieux Izanagi et Izanami à l'origine du Japon, la reine Himiko, la princesse magique Kaguya, le guerrier Susano[2] et son épouse Kushinada, ou encore Sakura la princesse-fleur aujourd'hui gardienne du sanctuaire Hongu Sengen Taisha au pied du mont Fuji. On y croisera également Kyubi, renard à neuf queues de la même mythologie, exagérément popularisé par le manga *Naruto* depuis 1999.

Il existe une réelle différence entre temples et sanctuaires, bien qu'un grand syncrétisme prévale au Japon. Les premiers sont des monuments bouddhiques, monothéistes car dédiés à Bouddha, dont la religion fut importée de Chine et de Corée à partir du Ve siècle. Les seconds, quant à eux, appartiennent au shintoïsme, croyance née au Japon, avec plus de richesse mythologique grâce au folklore des kamis, les dieux, et à l'animisme des yokai, les monstres[3]. Les suffixes japonais permettent de les reconnaître : on apposera ji *ou* dera *aux temples, alors qu'on parlera de* jinja, jingu, taisha *ou* myojin *pour les sanctuaires. À noter que les torii, grands portiques (généralement rouges) croisés également dans* Okami*, marquent l'enceinte d'un sanctuaire shinto.*

PERSONA

La gare de Sangen-Jaya est accessible via la compagnie ferroviaire Tokyu, sur les lignes Den-en-toshi ou Tokyu-Setagaya. Le quartier, très résidentiel, n'offre pas beaucoup d'atours pour les touristes hormis une balade tranquille dans des rues calmes.

LA FRANCHISE ***PERSONA*** D'ATLUS EST UNE SÉRIE PARALLÈLE DE ***SHIN MEGAMI TENSEI***, ELLE-MÊME COMMENCÉE EN 1992. SON PREMIER ÉPISODE, SORTI EN 1996, A SONNÉ LE DÉPART DE CES *SPIN-OFF* : DES RPG À SUCCÈS DONT LES PROTAGONISTES SONT UN GROUPE D'ÉTUDIANTS[1]. DEPUIS 2006 ET LE TROISIÈME VOLET, LES JEUX AJOUTENT UNE DIMENSION SOCIALE À UNE NARRATION À LA FOIS MYTHOLOGIQUE ET PHILOSOPHIQUE, TIRÉE DES TRAVAUX DE CARL GUSTAV JUNG. DIFFUSÉE SUR TOUS SUPPORTS ET AUSSI BIEN AU JAPON QU'EN OCCIDENT, LA SÉRIE SE DÉCLINE AUTOUR DE ***PERSONA 5*** DEPUIS 2016.

Si l'action des quatre premiers épisodes était située dans des villes japonaises fictives (respectivement Mikage-cho dans *Persona*, la côtière Sumaru dans *Innocent Sin*, *Persona 3* se déroule à Iwatodai et enfin dans la rurale Inaba pour *Persona 4*), le dernier *Persona* en date localise sa narration sans faux-semblant à Tokyo. En ce sens, il retrouve ses racines de *Megami Tensei* où l'action s'y situait, dès le deuxième volet et plus précisément à Kichijoji dans le premier *Shin*, pour ne jamais la quitter ensuite malgré un virage représentatif plus dystopique. Dans *Persona 5*, le rendu est bien plus fidèle et d'ailleurs, on y prend le métro, comme tous les *commuters*, pour aller au lycée, à l'université, au travail, mais surtout, on y trouve des représentations de quartiers plus ou moins

1. À l'exception d'*Eternal Punishment* et ses adultes.

2. Voir son chapitre dédié, p. 82.

▲ Dans de nombreuses villes du Japon, des artères étroites s'illuminent la nuit d'une succession de petites gargotes, surtout accessibles aux japanophones.

fidèles, à l'image de ce à quoi nous a habitués *Yakuza*[2]. Ainsi, on commencera l'aventure dans trois quartiers : Aoyama-Itchome où se situe le lycée Shujin, la jeune et *fashion* Shibuya et notamment sa gare iconique, et enfin la plus résidentielle Yongen-Jaya où se trouvent de nombreux lieux importants du jeu (le café Leblanc et la maison de Sojori Sakura, la clinique de Tae Takemi, un supermarché et un magasin d'occasion, un bain ▶

Dans la Shibuya de Persona 5*, on croise la statue du chien Buchiko, clin d'œil appuyé à celle du véritable Hachiko, lieu de rendez-vous inévitable des Tokyoïtes. Ce chien de race Akita, qui a réellement existé, accompagnait son maître tous les jours jusqu'à la gare de Shibuya où il prenait son train pour aller travailler. Hachiko attendait son retour patiemment tous les jours. En 1925, le professeur mourut sur son lieu de travail et ne revint jamais. Toutefois, son chien l'attendit fidèlement pendant les dix années suivantes, jusqu'à sa propre mort. Une statue à son effigie fut inaugurée à son emplacement actuel dès 1934.*

Dans Persona 5, *on emprunte régulièrement le métro pour se déplacer* in-game *et celui-ci possède même sa propre carte. Directement inspiré du réseau ferroviaire tokyoïte, le métro du jeu retranscrit son ambiance fidèlement et avec beaucoup d'élégance : de sa complexité apparente au silence des rames, des publicités omniprésentes à l'utilisation de la carte Suica pour y accéder, de l'endormissement des passagers aidés par les banquettes chauffées en hiver, toute l'expérience du métro de* Persona 5 *rappelle inévitablement celle des véritables* commuters. *On conseillera notamment d'emprunter la Yamanote de Japan Railways, ligne circulaire qui dessert une trentaine des gares les plus touristiques de la capitale nipponne.*

▲ Le jeu reproduit assez fidèlement l'ambiance dans les gares tokyoïtes aux heures de pointe : beaucoup de foule mais qui se déplace en ordre et en silence.

public *sento* et une zone d'entraînement au baseball *batting center*). Ce dernier quartier est directement inspiré de la réelle Sangen-Jaya[3], dans l'arrondissement de Setagaya. Shinjuku et Akihabara sont débloquées un peu plus tard dans l'aventure, respectivement le 18 juin et le 31 août ; on y trouvera d'un côté un bar, un magasin et un stand de bonne aventure, et de l'autre une salle d'arcade, un *maid café* à soubrettes et des magasins. Mais il est possible de poursuivre son exploration de Tokyo à travers de nombreux autres décors, plus ou moins resserrés dans leur espace de jeu, avec des représentations de Suidobashi, Akasaka-Mitsuke, l'église de Kanda, Ginza, la plage de Miura, Roppongi, Nagatacho et Destinyland, très fortement inspiré de Tokyo Disneyland. D'autres lieux s'ajoutent encore à la liste mais, plus exclusifs, ils se dévoileront seulement si le joueur trouve leur porte d'entrée à travers des invitations d'amis ou la lecture de livres plus ou moins cachés : le parc Inokashira, Ogikubo, Jinbocho et ses libraires, Ueno, Asakusa, Tsukushima, le parc Seaside d'Odaiba, Harajuku, le sanctuaire Meiji-jingu et enfin Chinatown.

3. ***San*** **voulant dire 3, et** ***yon*** **4.**

▲ *Persona* fait partie de ces jeux qui, comme *Shenmue* à son époque, traduisent avec une ambiance très maîtrisée la vie quotidienne japonaise.

i

L'édition Scramble, *sortie en 2020, élargit très largement l'environnement tokyoïte en ajoutant au carnet de voyage quatre destinations iconiques de l'archipel japonais. À Sapporo, tout au nord du Japon sur l'île d'Hokkaido, on profitera du centre-ville et de bâtiments historiques, de sources chaudes* onsen *ou encore d'un château enneigé en guise de donjon. À Sendai, comme dans la réalité, la fête des étoiles Tanabata Matsuri tiendra un rôle important dans le scénario début août, de même que la spécialité culinaire locale, la langue de bœuf, dans cette ville historique. Okinawa, et plus particulièrement l'île de Kukojima, dévoilera évidemment ses plages, son port et ses boutiques, ainsi qu'un laboratoire de recherche abandonné en tant que donjon. Enfin à Osaka, les quartiers rétro de Shinsekai et shopping de Dotonbori feront partie du voyage. Une chose est sûre : pour les voyageurs fans de* Persona *à la recherche de ces lieux, Tokyo et le Japon s'avèrent des terrains de jeu passionnants.*

Persona 5 Scramble

Le Pavillon d'or de Kyoto est accessible en bus numéro 12 ou 59 depuis la gare de Kyoto, arrêt Kinkakuji-mae (environ 40 minutes). Il est ouvert tous les jours de l'année de 9 heures à 17 heures, le tarif d'entrée est de 400 ¥ (environ 3,30 €).

Site officiel : www.shokoku-ji.jp/en/kinkakuji

POKÉMON

POKÉMON, APOCOPE DE ***POCKET MONSTERS***, EST UNE SÉRIE DE JEUX VIDÉO DÉVELOPPÉE PAR GAME FREAK POUR LES CONSOLES PRINCIPALEMENT PORTABLES DE NINTENDO ET DONT LES PREMIÈRES VERSIONS – ***VERT*** ET ***ROUGE*** – SONT SORTIES SUR GAMEBOY EN FÉVRIER 1996. DE NOMBREUX ÉPISODES SONT PARUS DEPUIS, ALIMENTANT LE BESTIAIRE ET LA COLLECTIONNITE (ON PARLE ALORS DE GÉNÉRATIONS), AVEC EN POINT D'ORGUE LE PHÉNOMÈNE MONDIAL DE ***POKÉMON GO*** (2016) SUR SMARTPHONES ET SON CONCEPT DE RÉALITÉ AUGMENTÉE.

Contre toute attente, *Pokémon* s'inspire assez fortement de certains lieux au Japon pour développer ses univers vidéoludiques. On citera d'abord tout simplement la région du Kanto, du même nom que celle du Japon, qui couvre notamment Tokyo. Pour la représenter, les premiers volets de *Pokémon* ont imaginé deux villes, Celadopole et Safrania, versions imaginaires respectives des quartiers commerciaux et d'affaires de la capitale japonaise. Tout aussi iconique, le mont Fuji est symbolisé par le Mont Argenté, placé dans la même région, lors des aventures *Or* et *Argent*. En grimpant à ▶

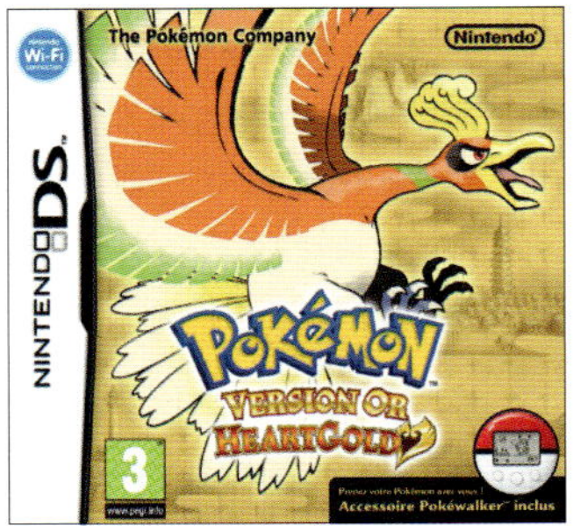

Pokémon Epée/Bouclier

▲ Les parades de Pikachu à Yokohama n'en finissent pas de surprendre les spectateurs chaque été !

金閣寺 KINKAKUJI

▲ Le Kinkaku-ji 金閣寺 : le temple du pavillon d'Or.

Pour l'anecdote, le Japon n'est pas le seul à avoir inspiré la franchise *Pokémon* pour ses lieux d'aventure. Ainsi, la moitié nord du territoire français est utilisée comme carte hexagonale de Kalos dans *Pokémon X* et *Y*, avec notamment Illumis pour Paris et sa tour Eiffel, ses garçons de café en uniforme et ses personnages coiffés de bérets. Mais d'autres villes lui emboîtent le pas : Bourg Croquis pour Moulins, Neuvartault pour Fontainebleau, Fort-Vanitas pour Tours, Roche-sur-Gliffe pour La Rochelle, Flusselles pour Strasbourg, Batisques pour Lyon, la Tour Maîtrise de Yantreizh pour le Mont-Saint-Michel et même Cromlac'h pour Carnac et ses menhirs. Jusqu'à New York se retrouve en tant qu'Unys des *Pokémon Noir* et *Blanc*, avec son iconique métro et sa langue topographique rappelant Manhattan, jusqu'aux gratte-ciel et quais de Downtown repris dans Volucité. Enfin, dans *Épée* et *Bouclier*, c'est le Royaume-Uni – et plus particulièrement l'Angleterre – qui devient une source d'inspiration pour la nouvelle zone de jeu nommée Galar.

Pokémon X/Y

▲ Différents épisodes de *Pokémon* se sont offert des inspirations occidentales tout à fait remarquables.

Pokémon Or Heartgold

▲ Le plateau Indigo, haut lieu des jeux *Pokémon*, héberge le maître de la ligue et le Panthéon dans de nombreux épisodes.

son sommet une fois en possession de tous les badges, on y affronte Red, le plus puissant dresseur du jeu, qui reste malheureusement muet. Mais au Fuji-san, point de Centre Pokémon !

Toujours dans les épisodes *Or* et *Argent*, Rosalia, dans la région de Johto, représente la ville traditionnelle de Kyoto, avec notamment ses dresseurs vêtus de kimonos. Au nord de la ville, la Tour Carillon (ou Tour Ferraille) est librement inspirée du *Kinkakuji*/le Pavillon d'or, l'un des sites touristiques les plus visités de Kyoto. Des hordes de visiteurs, japonais comme étrangers, se pressent chaque jour par milliers dans son

Pokémon Epée/Bouclier

enceinte pour admirer ce temple bouddhiste recouvert de feuilles d'or, datant de la fin du XVIe siècle et inscrit au Patrimoine mondial de l'Humanité de l'Unesco depuis 1994. Comme un clin d'œil à la statue de phénix en or qui trône au sommet du *Kinkakuji*, le Pokémon légendaire Ho-Oh (numéro 250 du Pokédex national, emblématique de l'épisode *Or*) s'y trouvait également avant de s'envoler définitivement. Les meilleurs dresseurs peuvent ici l'invoquer pour finalement le capturer sur le toit de la pagode.

Pokémon Or Heartgold

i

Avec les années, Yokohama est naturellement devenue la ville quasiment officielle de* Pokémon*, en ce sens qu'elle héberge chaque été, depuis 2014, deux festivals intitulés « Pikachu Outbreak » et « Pokémon GO Fest ». Au cours de ces quelques jours de fête, généralement début août, différents événements sont organisés dans cette immense ville voisine de Tokyo, avec en point d'orgue le défilé d'une horde de plus d'un millier de Pikachu géants !

Enfin, le pèlerinage* Pocket Monsters *ne serait pas complet sans la visite des Pokémon Centers, les boutiques officielles de la marque présentes sur l'Archipel. On en compte quelques dizaines, bien entendu représentées à Tokyo et dans les grandes villes un peu partout au Japon. De très nombreux produits dérivés, pour certains exclusifs, peuvent être achetés sur place.

RESIDENT EVIL

La gare d'Ikebukuro à Tokyo est accessible via d'innombrables lignes de trains JR et métros. Le Q plaza se trouve à 300 mètres de la gare, sur l'avenue Sunshine. Ouvert tous les jours de l'année de 10 heures à 23 heures.

Site officiel : capcom.co.jp/amusement/game/shop/ikebukuro/index.html

RESIDENT EVIL, ALIAS ***BIOHAZARD*** DANS SON TITRE ORIGINAL JAPONAIS, EST UNE SÉRIE DE JEUX VIDÉO DÉBUTÉE EN 1996 SUR PLAYSTATION ET TRÈS PUISSANTE COMMERCIALEMENT DEPUIS. BIEN CONNUE POUR SES SCÉNARIOS METTANT EN SCÈNE DES CATASTROPHES BIOLOGIQUES CRÉANT DES ZOMBIES, ELLE A PROPULSÉ LE GENRE *SURVIVAL HORROR* IMAGINÉ AVEC ***ALONE IN THE DARK*** QUATRE ANS PLUS TÔT.

Ici, point d'inspiration pour la ville de Raccoon City, évidemment totalement fictive ! Au sein de l'immeuble centre commercial Q Plaza situé dans le quartier d'Ikebukuro à Tokyo, se trouve un espace intitulé « Plaza Capcom », comme l'éditeur en a plus d'une vingtaine au Japon[1]. Celui-ci s'avère toutefois un peu particulier puisqu'il abrite, depuis son ouverture à l'été 2019, deux attractions exclusives en réalité virtuelle basées sur l'univers de *Resident Evil*, jouables jusqu'à quatre personnes simultanément. D'abord, *Walkthrough the Fear* offre de parcourir librement le manoir de *RE7*, mais le véritable jeu inédit est *Valiant Raid*2, une expérience dans laquelle le joueur, muni de deux pistolets, incarne un membre d'USS, l'équipe d'intervention d'élite d'Umbrella Corporation, pour tirer sur des hordes d'ennemis zombies. Le jeu utilise la technologie VR-X qui, grâce aux vibrations transmises à l'environnement, permet de renforcer l'immersion des joueurs. Les deux attractions coûtent

1. **Liste complète (en japonais) : capcom.co.jp/amusement/game/shop/index.html**

2. **Des initiales de VR, comme « *Virtual Reality* ».**

Au Q-Plaza Ikebukuro, grand quartier de Tokyo, il est enfin possible depuis 2019 de faire du shopping *Resident Evil*.

キュープラザ 池袋

Q PLAZA IKEBUKURO

respectivement 2 800 ¥ et 2 500 ¥ par personne, soit un peu plus d'une vingtaine d'euros.

À Osaka, le parc Universal Studios Japan a également disposé de plusieurs attractions *Resident Evil*. Après une première collaboration en 2016, USJ a renouvelé l'expérience entre septembre et novembre 2019. Baptisée *Biohazard The Extreme*, la dernière attraction se présentait sous la forme d'un *escape game* au décor léché dans lequel les participants devaient s'échapper d'un commissariat infesté de zombies en résolvant des énigmes. En point d'orgue, un impressionnant figurant intervenait sous les traits de l'inquiétant Mister X, bien connu des joueurs de *Resident Evil 2 Remake*, pour ajouter à l'angoisse.

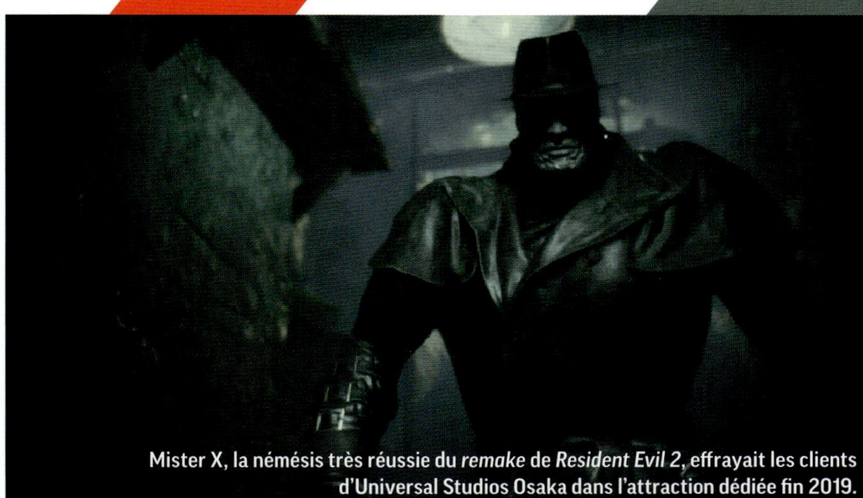

Mister X, la némésis très réussie du *remake* de *Resident Evil 2*, effrayait les clients d'Universal Studios Osaka dans l'attraction dédiée fin 2019.

SHENMUE

Pour se rendre à Dobuita, il faut emprunter **le train Keikyu Main Line** depuis Shinagawa à Tokyo, pendant 45 minutes, jusqu'à Yokosuka. La rue commerçante se trouve à quelques centaines de mètres vers l'est. Ses magasins sont généralement ouverts de 10 heures à 19 heures.

SYMBOLE DE LA CHUTE DE SEGA EN TANT QUE CONSTRUCTEUR DE CONSOLES, ***SHENMUE*** EST UNE SÉRIE DE DEUX JEUX VIDÉO DE YU SUZUKI SORTIS SUR DREAMCAST, RESPECTIVEMENT EN DÉCEMBRE 1999 ET EN JUILLET 2001 AU JAPON. LE TROISIÈME ÉPISODE, INATTENDU, QUE BEAUCOUP DE FANS AVAIENT FINI D'ESPÉRER, A BÉNÉFICIÉ D'UN FINANCEMENT PARTICIPATIF LANCÉ AU COURS DU SALON E3 2015, POUR FINALEMENT SORTIR FIN 2019.

Le premier *Shenmue* donne le ton dès son titre original : *Isshô* (littéralement « chapitre 1 ») *: Yokosuka*. Cette ville d'environ 400 000 habitants, située dans la préfecture de Kanagawa, se loge en bordure de la baie de Tokyo, dans la très grande banlieue sud de la capitale. Base navale historique de la marine impériale japonaise, elle devient après la Seconde Guerre mondiale un port militaire largement occupé par l'US Navy (la marine états-unienne), ce qui explique la présence de « *sailors* » dans la première partie de l'aventure. *Shenmue I* reproduit donc plus ou moins fidèlement la ville de Yokosuka de novembre 1986, l'époque où son histoire se déroule, à travers quatre quartiers distincts :

Yamanose, les hauteurs résidentielles où se situent notamment la maison du protagoniste Ryo et le dojo de la famille Hazuki, théâtre des noirs événements d'introduction ;

Sakuragaoka, en descendant vers le cœur de ville, son petit sanctuaire et son parc Oda-kicho (Suzume en réalité) et « Tomato », son *konbini*[1] (nous y reviendrons) ;

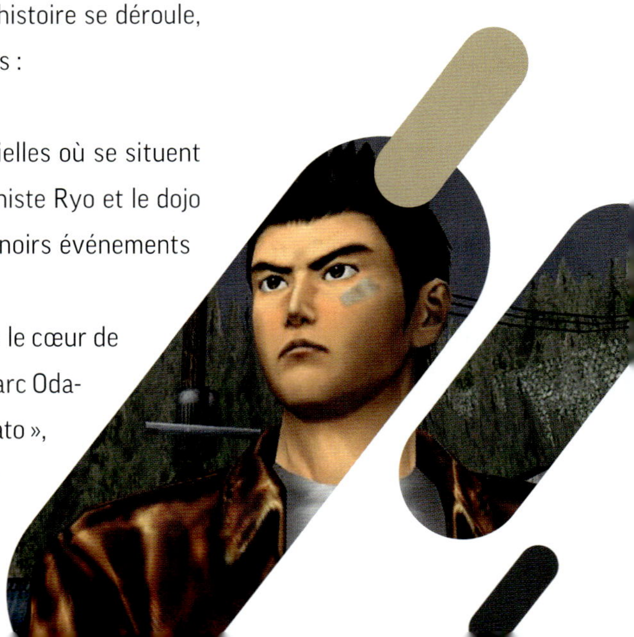

1. **Apocope de *convenience store*, au nombre de plus de 50 000 au Japon.**

Le premier épisode reste malheureusement le seul à prendre place au Japon. Dès Shenmue II*, l'aventure se situe principalement à Hong Kong puis à Kowloon. En fin de jeu, Ryo rencontre Shenhua dans le village de Bailu.* Shenmue III*, en tant que suite directe, se tient aussi dans la campagne chinoise de Guilin. Si un nouveau financement permet la poursuite du développement, il est très peu probable que l'histoire revienne sur les terres nipponnes.*

▲ **La rue Dobuita est visitable à Yokosuka, mais on n'y a jamais trouvé Nozomi dans la vraie vie !**

Dobuita, le centre-ville où se déroule une grande partie de l'intrigue dans la première partie du jeu, avec ses nombreux magasins (dont la boutique de fleurs de Nozomi, la petite amie de Ryo), ses restaurants, sa salle d'arcade, ses bars ou encore son arrêt de bus ;
Amihama, le port où Ryo poursuit son enquête dans la seconde moitié du titre, ses fameuses séquences de travail en chariot élévateur dans les hangars et autour, pour économiser avant de partir en bateau pour Hong Kong à la poursuite de Lan Di, le meurtrier de son père, Iwao.

Shenmue a fait grand bruit à sa sortie pour son embryon d'*open-world* révolutionnaire pour l'époque, où de nombreux éléments sont reproduits de manière très réaliste dans les va-et-vient des habitants, la météo, l'écoulement du temps ▶

(cycle jour-nuit et saisons) ou encore les objets de la vie quotidienne. Son *konbini*, par exemple, offre d'expérimenter le concept éminemment japonais d'épicerie de quartier où l'on peut faire ses courses de nourriture, lire des magazines, payer ses factures, envoyer des colis ou encore acheter des *gashapon*, des machines à pièce d'où sort une petite boule contenant un *goodie* à collectionner. En cela, il a représenté pour beaucoup d'adolescents de l'époque une manière de s'immiscer dans la vie japonaise quotidienne, à l'heure où les vidéos sur Internet n'existaient pas ou si peu.

横須賀市 YOKOSUKA-SHI

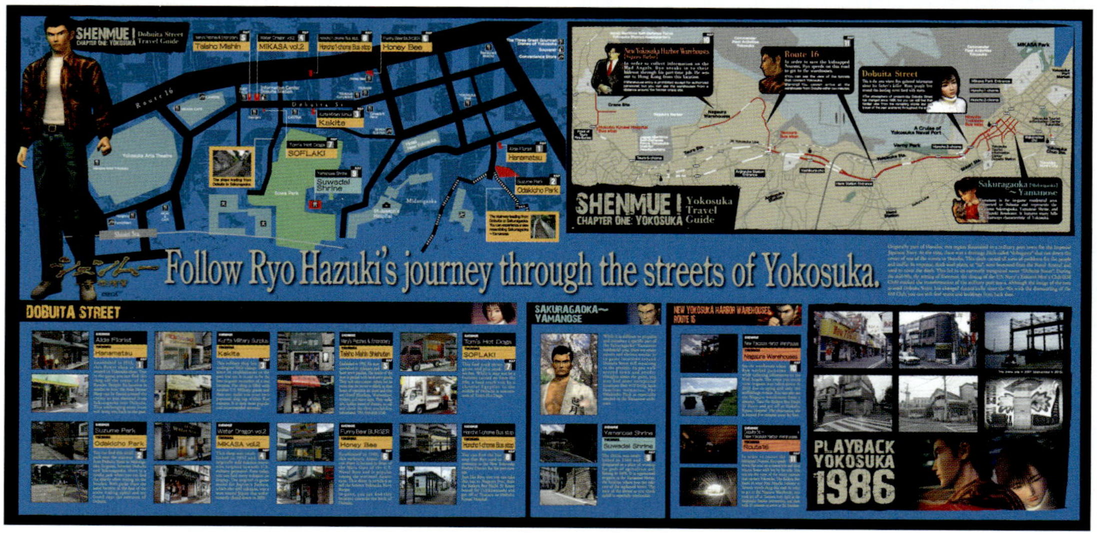

▲ **La ville de Yokosuka, pourtant peu touristique, capitalise sur le tourisme *Shenmue* grâce à un flyer détaillé téléchargeable sur son site Internet.**

Depuis quelques années, l'office du tourisme de Yokosuka met à disposition, en anglais et en japonais, un flyer sur deux pages pour marcher dans les pas de Ryo Hazuki lors de sa visite sur place. Deux cartes détaillent les environs et les lieux ayant inspiré les décors de *Shenmue*. D'abord, celle de Yokosuka dans son entier, de son port industriel à l'ouest aux zones résidentielles de l'est. Ensuite, une autre qui se focalise sur la rue commerçante de Dobuita. Présentant sans fard le caractère suranné de la ville, le flyer s'attarde sur quelques explications historiques et contemporaines de la ville, et n'hésite pas à comparer les lieux réels avec ceux dans le jeu pour faciliter le pèlerinage des fans. Une section aborde même trois plats habituels de la cuisine locale : le cheese-cake à la framboise, le burger à l'américaine et le curry, très apprécié partout au Japon.

De début décembre 2018 à fin février 2019, la ville a même mis en place un événement spécial intitulé Shenmue Sacred Spot Campaign pour célébrer la sortie de la version PlayStation 4 de *Shenmue I* et *II*. Pendant cette période, neuf lieux de Yokosuka ont participé en offrant des lithographies à leurs clients ayant dépensé plus de 500 ¥ (environ 4 €) chez eux. Un rassemblement de fans sur place, organisé par *IGN Japon*, a eu lieu le 24 décembre 2018 et a accueilli plus d'une centaine de personnes.

Votre serviteur a pu suivre ce guide l'espace de quelques heures en 2019 et, s'il faut parfois faire preuve d'imagination, se retrouver dans ces décors provoque des sensations étonnantes, entre l'amusement et la nostalgie. Les floraisons printanières, notamment de roses, du parc Verny valent en particulier le détour mais on regrettera que le temps de trajet depuis Tokyo soit si long. À moins d'être un fan absolu de *Shenmue*, il sera plus raisonnable de consacrer une journée en voiture de location dans la préfecture de Miura pour compléter le déplacement jusqu'à Misaki voire Jogashima.

RYO HAZUKI

芭月涼

STAR FOX

Pour se rendre à Fushimi Inari Taisha, il faut emprunter le train JR de la ligne Nara locale pendant 5 minutes depuis la gare de Kyoto, et descendre à Inari. Comptez une demi-journée de balade entre les portiques. Le lieu ne ferme jamais.

Site officiel : http://inari.jp/en/

SÉRIE DE JEUX VIDÉO ÉDITÉE PAR NINTENDO, ***STAR FOX***[1] A CONNU HUIT ITÉRATIONS SUR DIFFÉRENTES PLATEFORMES DU CONSTRUCTEUR JAPONAIS, DEPUIS SON ÉPISODE INITIAL SORTI EN 1993 SUR SUPER FAMICOM. *SHOOT'EM UP* SUR RAILS METTANT EN SCÈNE QUATRE ANIMAUX ANTHROPOMORPHIQUES (RENARD, FAISAN, CRAPAUD ET LIÈVRE), ELLE A NOTAMMENT POPULARISÉ LES PERSONNAGES DE FOX MCCLOUD ET FALCO LOMBARDI, RETROUVÉS DANS LES JEUX CHORAUX ***SMASH BROS.***

Shigeru Miyamoto, papa de *Star Fox* et, bien entendu, génial créateur de *Mario*, *Link* et autres personnages emblématiques de Nintendo, n'a jamais caché s'être inspiré du sanctuaire Fushimi Inari Taisha, à Kyoto, pour le développement du premier épisode de son *shooter*. Le sujet a même fait l'objet d'un « *Iwata demande*[2] », fameuse série d'entretiens de l'ancien président de la société[3] publiée sur le site

▼ Les torii ont été financés par des hommes d'affaires ou des sociétés ; au dos de chacun des portiques, le nom et la date de pose sont inscrits. Si on ne lit pas le japonais, cela donne un rendu assez esthétique, mais ça n'en reste pas moins une forme de publicité.

Le siège principal de Nintendo est situé lui-même à Kyoto, à quelques encablures de la gare JR principale de la ville. Série de bâtiments grisâtres et anguleux, protégés par des barrières, ils sont accessibles depuis la station Jujo dans le quartier sud de la ville. Les fans peuvent ainsi se prendre en photo avec, en fond, le logo Nintendo posé sur la façade des immeubles. Les anciens locaux, moins froids, sont eux accessibles en une minute à pied depuis la gare de Toba-kaido toute proche, où travaillent notamment les développeurs d'Intelligent Systems (responsables, entre autres, de la série Fire Emblem*). À noter que son siège historique, datant de 1933, est situé dans Gion, en plein centre-ville, mais désormais fermé ; il a d'ailleurs récemment été transformé en hôtel pour une ouverture prévue à l'été 2021.*

Star Wing

web de Nintendo. Dans ce compte rendu, on apprend ainsi que le prototype du jeu incluait de nombreuses arches sous lesquelles les vaisseaux devaient passer ; une bonne partie a d'ailleurs été conservée sous différentes formes, naturelles ou artificielles, dans les jeux sortis en versions finales. Pour les employés basés au sud de Kyoto, ces arches rappelaient immédiatement les portes de temples shintos appelées *torii*, dont le sanctuaire Fushimi Inari Taisha, localisé à environ un kilomètre au sud-est des bureaux, soit une quinzaine de minutes de marche à peine, en compte plusieurs milliers. Représentant et symbole principal des sanctuaires dédiés à Inari, la déesse du commerce, le renard, à la fois messager de la déesse et sa propre incarnation, a donc inspiré le protagoniste Fox McCloud. La visite de Fushimi Inari, possible vingt-quatre heures sur vingt-quatre, propose une superbe randonnée dans la montagne, sous ces interminables *torii* vermillon.

1. **Aussi connue sous le nom de *Star Wing* ou *Lylat Wars* en Occident.**

2. **www.nintendo.fr/Iwata-demande/Iwata-demande-Star-Fox-64/Vol-1-Star-Fox-64-3D/3-Fushimi-Inari-Taisha-et-Fox/3-Fushimi-Inari-Taisha-et-Fox-220908.html**

3. **De 2002 à son décès en 2015.**

Lors de la conception de Star Fox*, Shigeru Miyamoto demanda au designer Takaya Imamura de concevoir des protagonistes sous la forme d'animaux. L'échec commercial du jeu n'étant pas une option, dans le cadre du lancement du Super FX, Imamura se rendit à Fushimi Inari, non loin, pour demander la bénédiction du dieu renard. Ce qui inspira la nature du héros du jeu. À noter qu'au sommet de la montagne, il est possible de déguster des kitsune-udon (littéralement : « nouilles du renard »), un célèbre plat japonais à base de bouillon de nouilles et de tofu frit, comme un hommage à Fox McCloud !*

Le quartier de la mode de Shibuya est très facilement accessible à Tokyo, notamment par sa gare principale sur la ligne Yamanote de Japan Railways. Dès la sortie de la gare, on retrouve le croisement, sa célèbre tour commerçante 109 (« 104 Building » dans le jeu) ou encore le Starbucks (renommé « Outback Cafe »).

THE WORLD ENDS WITH YOU

THE WORLD ENDS WITH YOU OU, DE SON TITRE ORIGINAL JAPONAIS, ***SUBARASHIKI KONO SEKAI***[1], EST UN JEU DE RÔLE DÉVELOPPÉ PAR SQUARE ENIX ET JUPITER, SORTI SUR NINTENDO DS À L'ÉTÉ 2007. DIRECTEMENT INSPIRÉ DE ***KINGDOM HEARTS : CHAIN OF MEMORIES***, IL Y AJOUTE DES POSSIBILITÉS DE *GAMEPLAY* PERMISES PAR LA PETITE PORTABLE (DOUBLE ÉCRAN, ÉCRAN TACTILE, MICRO, ETC.). UNE ÉDITION ***FINAL REMIX*** EST ÉGALEMENT DISPONIBLE SUR SWITCH DEPUIS 2018.

Dans *The World Ends with You*, l'adolescent un brin asocial Neku Sakuraba, sa meilleure amie Shiki Misaki et leurs camarades vivent dans le fameux quartier shopping de Shibuya à Tokyo. Outre le monde réel, ils découvrent l'existence d'un univers parallèle baptisé l'« underground », où évoluent les morts. Ces derniers peuvent participer à un jeu grandeur nature où ils offrent tous leurs biens pour tenter leur chance de revenir entre les vivants. Ils deviennent ainsi les adversaires des protagonistes incarnés par le joueur. Découpé en trois semaines, donc 21 chapitres pour autant de jours, l'action met en scène tous les éléments de la vie shibuyenne classique du milieu des années 2000 : téléphones portables omniprésents, cafés tendance, mode vestimentaire et « *street food* », son croisement piétonnier, et même la fameuse

1. Littéralement « quel monde magnifique ».

2. Voir page 60 dédiée à *Persona*.

3. Versions qui modifient légèrement le système de combat, puisqu'elles ne disposent pas du double écran de la version DS originale.

Au cours du jeu, les deux personnages Neku et Beat doivent se rendre à la « rivière de Shibuya », un lieu légendaire. Cette rivière existe pourtant bel et bien, mais avait été engloutie par le béton lors du développement et l'expansion immobilière de l'histoire du quartier. Plus de dix ans après la sortie du jeu, dans le cadre du redéveloppement du quartier, l'espace « Stream » a permis de creuser pour retrouver le ru de Shibuya, où les visiteurs peuvent désormais se promener.

▲ Le jeu vous offre de passer par de nombreux lieux iconiques de Shibuya, reproduits à la sauce pixel art.

statue d'Hachiko[2]. Vers la fin du jeu, l'histoire prend une tournure plus dramatique et c'est le sort du quartier entier de Shibuya qui tient entre les mains des protagonistes. À noter que, outre les versions Switch et mobile[3], une adaptation de *The World Ends with You* en manga est sortie peu après le jeu DS, sous le coup de crayon de l'artiste Shiro Amano, à qui l'on doit également le manga *Kingdom Hearts*.

428 : Shibuya Scramble *est un* visual novel *culte au Japon ; il a été développé par Chunsoft et publié en 2008 sur Wii, PS3 et iOS. C'est un jeu choral faisant s'entrecroiser les destins de plusieurs personnages dans le quartier de Shibuya, mais avec la particularité de se dérouler sur une seule journée découpée en dix tranches d'une heure. Il faudra passer librement d'un héros à l'autre pour évoluer dans l'intrigue. En plus de vous proposer une histoire bien écrite, ingénieuse et originale, le titre saura aussi vous dépayser comme rarement un jeu vidéo aura pu le faire. En effet, pas de 3D 4K pour* 428 : Shibuya Scramble *! Il sera question uniquement de textes et de photos en prise de vue réelle. Si le voyage vous tente, sachez que le jeu est enfin disponible en anglais sur PS4 et PC.*

TOMB RAIDER

On ne vous dirigera pas ici vers le triangle du Dragon (!), mais n'hésitez pas à découvrir la Tokyo Tower, réplique rouge et blanche, et un peu plus haute (culminant à 333 mètres d'altitude), de la tour Eiffel. Elle se trouve à quelques minutes à pied des stations **Akabanebashi**, **Onarimon** ou **Kamiyacho** du métro de Tokyo. Ouverte tous les jours de l'année de 9 heures à 22 heures.

Site officiel : tokyotower.co.jp/en.html

CRÉÉE PAR CORE DESIGN, LA SAGA ***TOMB RAIDER*** A COMMENCÉ EN 1996 SUR PLAYSTATION ET MET EN SCÈNE LES AVENTURES DE L'EXPLORATRICE LARA CROFT AUX QUATRE COINS DU MONDE. ÉDITÉE PAR EIDOS, ELLE A VU, À PARTIR DE 2003, LE STUDIO CRYSTAL DYNAMICS PRENDRE LA SUITE DU DÉVELOPPEMENT. UNE DIZAINE D'ÉPISODES SONT SORTIS ENSUITE, AUX QUALITÉS PLUS OU MOINS DISCUTABLES, AVANT LE *REBOOT* DE LA SÉRIE SUR PLAYSTATION 3, XBOX 360 ET PC EN 2013 PAR SQUARE ENIX. AVEC 11 MILLIONS D'EXEMPLAIRES VENDUS À LA FIN 2017, GRÂCE AUX RÉÉDITIONS SUR LES CONSOLES DE LA GÉNÉRATION SUIVANTE (PLAYSTATION 4 ET XBOX ONE), CET ÉPISODE EST DEVENU LE PLUS VENDU DE L'HISTOIRE DE LA SÉRIE À L'HEURE OÙ CES LIGNES SONT ÉCRITES.

Tomb Raider reboot se déroule sur l'île fictive d'Aogashima, dans une zone du Pacifique Ouest appelée le triangle du Dragon et surnommée par les pêcheurs japonais 魔の海 *Ma no Umi*, littéralement « la mer du Diable ». Elle se situe au large du Japon, dans la mer des Philippines au sud de l'Archipel. Région similaire au triangle des Bermudes avec lequel elle partagerait un vaste champ électromagnétique, elle est connue pour ses événements climatiques inexpliqués (typhons, séismes,

Pour l'anecdote, le film Tomb Raider*, sorti au cinéma en 2018 avec Alicia Vikander en tête d'affiche et tiré de cet épisode, tord beaucoup des fondamentaux scénaristiques à la fois de la saga et de cet épisode. Se focalisant sur la relation avec son père, le script ne maintient qu'un vague lien avec le Japon à travers la momie d'Himiko dont le rôle est aussi largement modifié.*

▲ **L'île Aogashima du *reboot* de 2013 offre un mélange de modernité et de traditions, mais pas dans le sens de l'image d'Épinal !**

brouillards, activité volcanique, vagues en triangle…) et son magnétisme très élevé qui cause des disparitions de bateaux ou d'avions sans laisser d'épaves. Lara y part sur les traces de la civilisation Yamatai et de son royaume perdu, où la reine-prêtresse Himiko aurait vécu ses dernières heures. Si le jeu vidéo s'inspire de la mythologie pour y imaginer un scénario d'aventures, les Yamatai ont réellement existé de la fin du IIe jusqu'au début du IIIe siècle, sous la période Yayoi. Leur localisation exacte n'est pas très précise, les historiens hésitant entre le nord de Kyushu et la province de Yamato, actuellement préfecture de Nara proche d'Osaka et Kyoto. Sous son règne, la reine solaire ▶

Le troisième chapitre (sur huit au total) de l'épisode Tomb Raider Legend*, sorti en 2006 notamment sur PlayStation 2, Xbox et PC, se déroule également au Japon. Lara découvre lors de ses pérégrinations au Pérou que la pointe de l'épée qu'elle recherche a été volée par un chef yakuza appelé Shogo Takamoto, à l'université de Waseda à Tokyo. Le joueur prend donc le contrôle de l'aventurière dans l'appartement de Toro Nishimura, un de ses amis japonais qui organise une réception. Les négociations avec Takamoto tournent court et Lara passe par les toits des gratte-ciel, l'occasion d'apercevoir la fameuse tour de Tokyo[1] dans le décor. Elle s'infiltre finalement dans l'appartement du yakuza, qu'elle parvient à neutraliser, puis récupère le fragment de la relique. Les objets secrets de ce niveau du jeu sont des statues de Bouddha. Pour la conception de l'environnement sonore du chapitre, deux instruments traditionnels japonais ont été utilisés : le taiko (tambour) et le shakuhachi (flûte).*

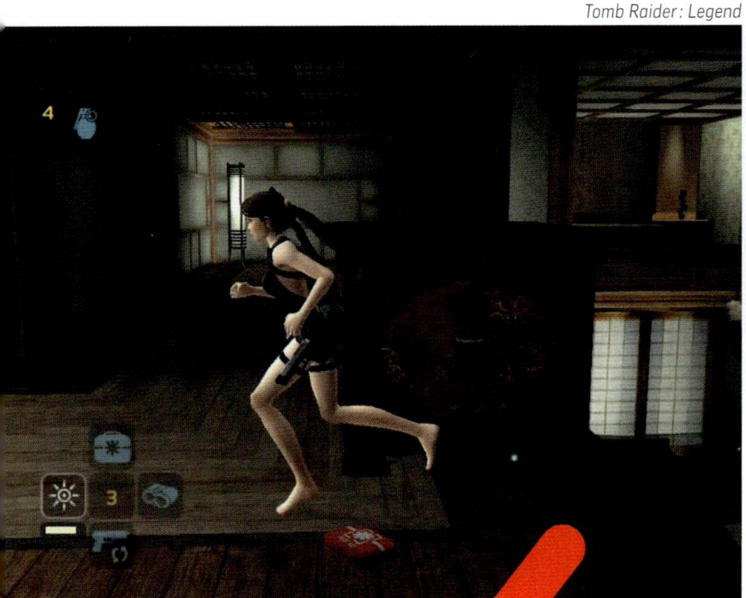
Tomb Raider : Legend

Tomb Raider : Legend

東京タワー

TOKYO TOWER

Himiko, à laquelle la légende confie des pouvoirs surnaturels et qui n'était approchée que par son frère, aurait fédéré une trentaine d'autres petits royaumes qui se combattaient entre eux auparavant. Dans les derniers moments du jeu, Lara s'introduit dans le temple de la reine et y déjoue à la fois une Himiko réveillée, sa garde rapprochée et les *Oni* (démons) qui l'accompagnent, ainsi que le peuple Solarii, autochtones de l'île. Certains historiens pensent que le tombeau d'Himiko se situe dans le *kofun* (tumulus) Hashihaka, d'une longueur de 280 mètres, situé dans la ville de Sakurai.

1. Réplique un peu plus grande, à la robe rouge et blanche, de la Tour Eiffel.

À noter qu'Aogashima existe réellement : il s'agit d'une île de moins de six kilomètres carrés située dans l'archipel d'Izu, à quelques centaines de kilomètres au sud de Tokyo. Comptant moins de deux cents habitants dans son village, l'île volcanique n'a pas grand-chose à voir avec les événements du jeu vidéo.

Shinjuku, à Tokyo, est la plus grande gare du monde, elle se trouve notamment sur de nombreuses lignes JR ou Tokyo Metro. En sortant de la gare, cinq minutes à pied en direction du nord-est conduisent à Kabukicho ! Le plus intéressant est de visiter le quartier à la nuit tombée.

YAKUZA 歌舞伎町

KABUKICHÔ

YAKUZA[1] EST UNE SÉRIE ACTION-AVENTURE À LA TROISIÈME PERSONNE DÉVELOPPÉE PAR SEGA SUR CONSOLES PLAYSTATION DEPUIS 2005, DANS LAQUELLE LE JOUEUR CONTRÔLE KAZUMA KIRYU, UN ANCIEN YAKUZA (MEMBRE DE LA MAFIA JAPONAISE). DE TRÈS NOMBREUX ÉPISODES SONT SORTIS SUR PS2, PS3, PS4 ET PC, CANONIQUES OU PARALLÈLES À L'HISTOIRE PRINCIPALE. CERTAINS JOUEURS CONSIDÈRENT LA FRANCHISE COMME UNE SUITE SPIRITUELLE À ***SHENMUE*** DONT ELLE REPREND UN CERTAIN NOMBRE D'ÉLÉMENTS DE *GAMEPLAY*.

Les différentes aventures des *Yakuza* se déroulent dans des lieux japonais fidèlement reproduits. L'espace de jeu principal étant bien entendu tenu par Kamurocho, représentation *in-game* du quartier de Kabukicho à Tokyo. Haut lieu de la nuit japonaise, il héberge toutes sortes d'établissements fréquentés par la mafia, les riches travailleurs en costume et autres amateurs de son ambiance nocturne enfumée[2] et pleine de néons. On y trouvera donc, dans le jeu comme en réalité, des karaokés, des bars et restaurants en tous genres, des *batting centers*[3], des boîtes de nuit, des *love hotels*[4] ou encore des bars à hôtesses[5]. Mais on y retrouve

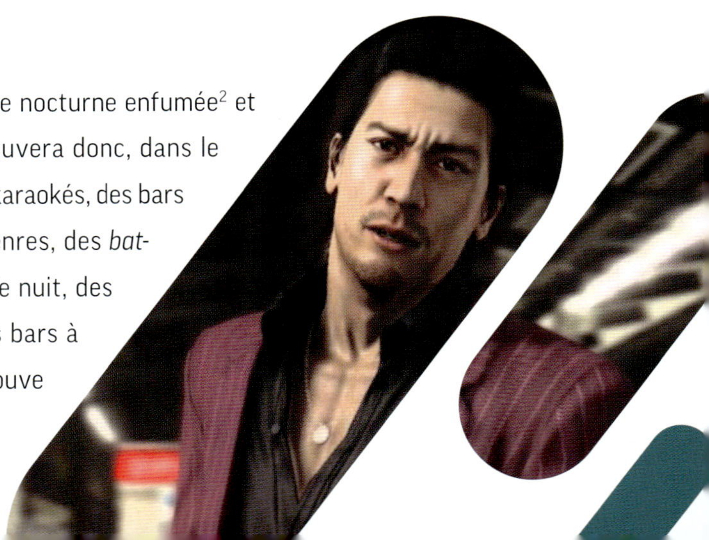

▲ Si le nom y est devenu Kamurocho, on retrouve dans les jeux *Yakuza* l'ambiance inimitable du quartier de Kabukicho à Tokyo.

également des lieux plus classiques comme des salles d'arcade, des supérettes *konbini* ou encore des restaurants. La reproduction des environnements se montre particulièrement scrupuleuse, à l'exception de petits détails comme la statue Godzilla de l'hôtel Toho, inaugurée en 2017 mais non rapatriée dans *Judgement* pour des questions de droits. Situé à seulement une dizaine de minutes à pied de l'immense gare de Shinjuku, Kabukicho ne doit pas effrayer les visiteurs par sa réputation de quartier chaud ; tant qu'on se tient à l'écart des bars à hôtesses, on n'y craint rien et il n'est pas rare d'y croiser des filles s'y promenant seules, même après la nuit tombée. *Yakuza* prend un malin plaisir à reproduire d'abord des hauts lieux du quartier tels que son arche rouge principale immédiatement reconnaissable, mais également des établissements en changeant vaguement leurs noms. Il inclut aussi, cette fois de manière tout à fait valide, ▶

1. **Le titre original en japonais est 龍が如く *Ryu ga Gotoku*, littéralement « comme un dragon ».**

2. **Au Japon, on peut encore très largement fumer en intérieur dans les lieux publics, même si la législation change progressivement.**

3. **Sortes de « *practices* » de baseball sur les toits des immeubles, entourés de filets, où des machines envoient des balles à frapper avec sa batte.**

4. **Hôtels insolites que l'on peut louer à l'heure ou pour une nuit, dans le but de faire ses affaires en couple. Les hébergements japonais étant souvent petits et mal isolés, les jeunes couples (ou les illégitimes !) s'en servent beaucoup.**

5. **Bars dans lesquels des filles accompagnent les clients pour les faire boire. La facture y est souvent extrêmement élevée.**

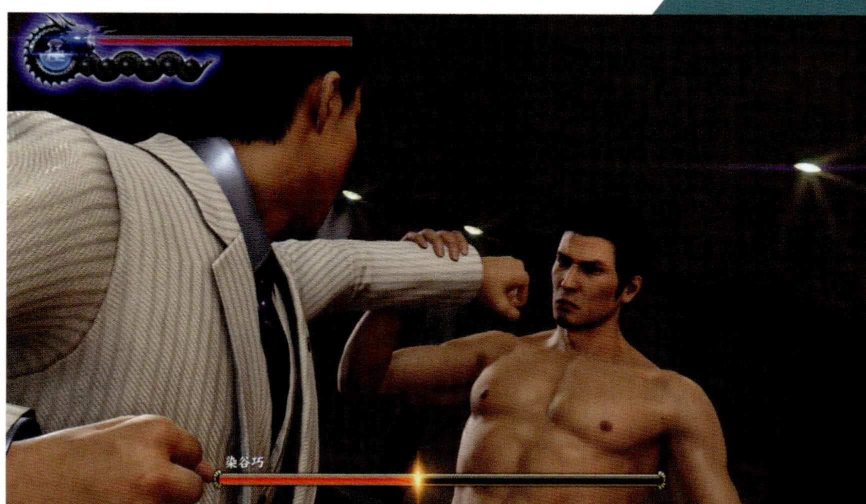

Le parc de loisirs Tokyo Mystery Circus à Kabukicho propose depuis décembre 2017 des activités telles que des escape games. En partenariat avec l'application de messagerie Line, extrêmement populaire au Japon, il a développé un concept appelé « Real Espace Game » dans lequel les joueurs doivent déambuler dans le quartier en progressant dans une enquête dont les éléments sont donnés à travers l'appli. Une version spéciale Ryu ga Gotoku, *toute naturelle, a été proposée entre juillet 2018 et mars 2019*[7].

▲ Même Don Quijote, célèbre bazar (équivalent de La Foir'Fouille) se retrouve dans le décor.

des personnalités bien connues du *show-business* japonais, telles que des acteurs, chanteurs ou autres *idols*[6]. En mars 2019, cette dynamique prend un coup dans l'aile avec l'arrestation de Pierre Taki sur des soupçons de consommation de cocaïne. La justice japonaise ne plaisante pas du tout avec la drogue et *Judgement* (un *spin-off* de *Yakuza*), sorti trois mois plus tôt, est immédiatement retiré aussi bien des rayonnages physiques que des boutiques de téléchargement, pour effacer toute trace de Taki qui y interprétait le personnage de Kyohei Hamura. Après un tel événement judiciaire,

▼ L'épisode *Yakuza 7* se déroule à Yokohama et prend la forme d'un RPG.

6. **Stars ou, le plus souvent, starlettes recrutées plutôt pour leur physique que pour le talent par des agences qui forment des *girls band* bien calibrés sur le plan marketing, la musique n'étant qu'un produit dérivé comme un autre. Le groupe le plus connu de la décennie 2010 restant les AKB48, du quartier Akihabara à Tokyo.**

7. **https://mysterycircus.jp/tanteiseven/ryu-ga-gotoku/**

▲ Dès *Yakuza 2*, il était possible de découvrir la version virtuelle du quartier Dotonbori à Osaka.

Yakuza Kiwami 2

les personnalités concernées deviennent *persona non grata* de la scène publique. La série avait même déjà eu un précédent avec *Yakuza 4*, sorti en 2010, dans lequel le personnage de Tanimura était interprété par Hiroki Narimiya ; après que celui-ci eut annoncé se retirer de la vie publique en 2016 sur des soupçons de consommation de cocaïne, c'est Toshiki Matsuda qui le remplace intégralement (physique et voix) dans le remake sorti en 2019.

道頓堀
DOTONBORI

Outre Kabukicho, la franchise a utilisé plusieurs autres lieux emblématiques du Japon. D'abord, Sotenbori, de la zone Dotonbori à Osaka, où se déplace le protagoniste Goro Majima dans la préquelle *Yakuza Zero* sortie en 2015. On y retrouve ainsi sa fameuse rivière ▶

Pour simplifier, les yakuzas sont l'équivalent de la mafia japonaise. S'ils restent une organisation parfois criminelle, leurs activités sont variées et ils ont souvent pignon sur rue, étant très intégrés à la vie locale. Ainsi, ils peuvent parfois agir comme garants de la sécurité d'un quartier, en parallèle de la police. Reconnus à leurs immenses tatouages qui cristallisent d'ailleurs cette pratique au Japon, le nombre de yakuzas a été largement réduit par des ordonnances du gouvernement de Shinzo Abe au début des années 2010.

avec son ersatz de signe Glico, ses arcades shopping et ruelles en extérieur, ou encore la reproduction du restaurant Kanidoraku et son immense crabe accroché sur la façade. Ensuite, l'archipel subtropical d'Okinawa est le théâtre de la première partie de l'intrigue dans *Yakuza 3*, sorti en 2009. Le titre n'a toutefois pas fait date, notamment à cause de cette intrigue ronflante, longuette et un brin mielleuse dans laquelle Kiryu retourne à la vie normale en s'y occupant d'un orphelinat avec sa protégée Haruka, avant de se faire rattraper par son ancienne vie et revenir à la capitale. Enfin, *Yakuza 6* va explorer encore d'autres terres en 2016 avec Onomichi,

▼ **Beat Takeshi Kitano, qui a beaucoup exploré l'univers des yakuzas au cours de sa filmographie, fait une incursion remarquée dans *Yakuza 6*.**

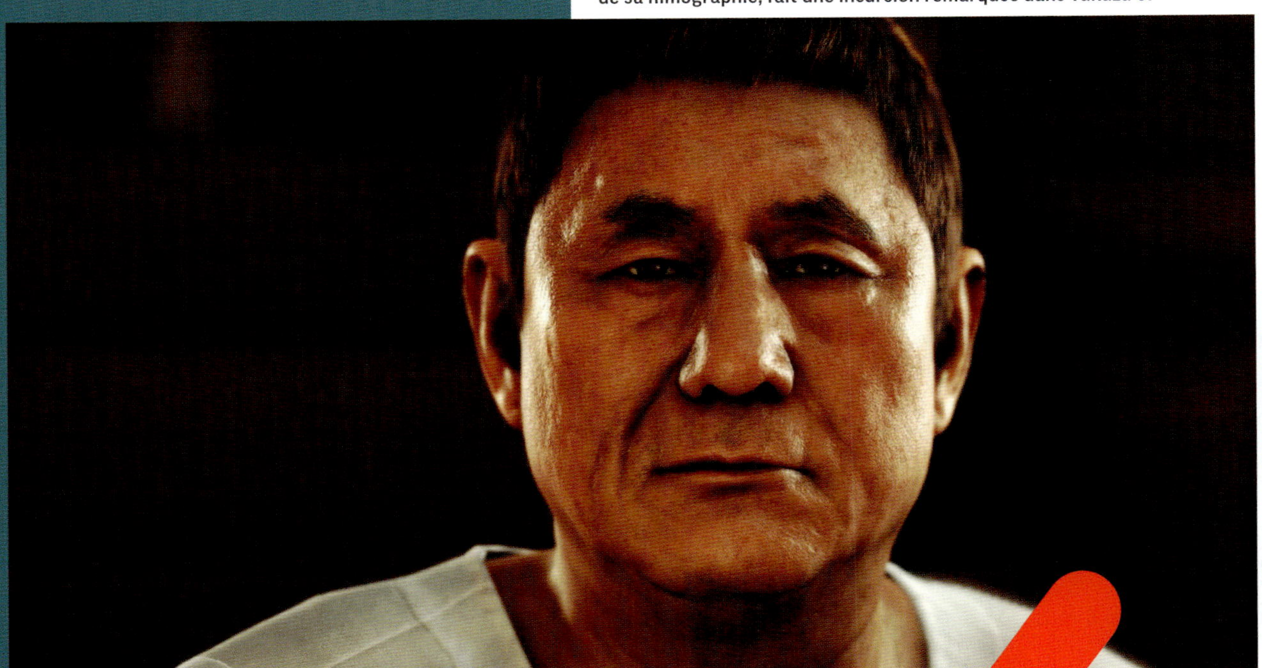

petite ville portuaire très photogénique de la mer intérieure de Seto, située dans la préfecture d'Hiroshima entre cette dernière et Okayama, à environ une demi-heure de Shinkansen de celles-ci. Elle est également l'un des deux points de départ du célèbre circuit cyclotouristique de Shimanami Kaido. À noter aussi le cas *Yakuza Kenzan*, sorti en 2008, qui se déroule à l'époque Edo, au début du XVIIe siècle, dans le quartier traditionnel de Gion à Kyoto. Dans cet épisode parallèle, le joueur incarne Kazumanosuke Kiryu, alias la figure japonaise bien connue de Miyamoto Musashi, maître escrimeur et éminent calligraphe.

▼ L'île d'Okinawa (*Yakuza 3*, *4* et *6*) offre des paysages et une ambiance plus relax, à l'image de son caractère tropical très apprécié dans la vraie vie.

ZELDA

Compter environ une heure de train depuis la capitale jusqu'à Enoshima :

- **Ligne JR Yokosuka** depuis Tokyo, changement à Kamakura pour la ligne Enoden.
- **Ligne Odakyu** depuis Shinjuku, changement à Sagami-Ono.

Nous suggérons de prendre la journée comme excursion depuis Tokyo pour découvrir l'île.

CÉLÈBRE SÉRIE DE NINTENDO, ***ZELDA*** A DÉMARRÉ AVEC L'AVENTURE NES EN 1986, COMPTÉ PRÈS D'UNE VINGTAINE D'ÉPISODES CANONIQUES ET VU ÉCLORE PLUSIEURS CHEFS-D'ŒUVRE TELS QU'***A LINK TO THE PAST*** SUR SUPER NINTENDO EN 1991, ***OCARINA OF TIME*** SUR NINTENDO 64 EN 1998, ***TWILIGHT PRINCESS*** SUR GAMECUBE ET WII EN 2006, OU ENCORE ***BREATH OF THE WILD*** SUR WII U ET SWITCH EN 2017. SON HÉROS, LINK, PART À LA RESCOUSSE DE LA PRINCESSE ZELDA CAPTURÉE PAR LE COCHON GANON DANS LE ROYAUME D'HYRULE.

The Legend of Zelda : Skyward Sword

À environ une heure de train au sud-ouest de Tokyo, accolée à la cité balnéaire touristique de Kamakura se trouve la presqu'île d'Enoshima, surnommée par les fans « l'île de la Triforce ». Disséminés sur son petit territoire de quatre kilomètres de circonférence, se trouvent en effet des triangles très reconnaissables par les amateurs de la fameuse série. Plaqués sur les murs, les drapeaux, les lanternes ou encore les plaques d'égout de l'île, leur lien avec *Zelda* est en réalité bien ténu malgré ce qu'on aimerait

▲ **Si l'inspiration n'est pas franchement utilisée en jeu, l'île d'Enoshima regorge de petits détails accessibles seulement à l'œil averti du fan de la saga *Zelda*.**

croire. Il s'agit en effet d'un blason, appelé « *mon* » en japonais, celui du clan de samouraïs Hojo qui régna sur le Japon pendant l'époque de Kamakura, entre la fin du XIIe et le début du XIVe siècle. Ce symbole représente trois écailles du dragon, ce dernier étant également très présent sur Enoshima. La légende veut que l'un des premiers chefs du clan, Tokimasa Hojo, aurait rencontré le dieu-dragon dans une grotte d'Enoshima ; celui-ci lui aurait alors confié trois de ses écailles pour que sa famille vive dans la prospérité, formant alors l'emblème bien connu aux trois triangles. Il s'agit aussi du symbole utilisé par de nombreux temples Benten au Japon (dédiés à Benzaiten, une des déesses de la prospérité) dont le plus proche, appelé Zeniarai Benzaiten, se trouve à seulement quelques encablures de la presqu'île, sur les collines de Kamakura. Le sceau, désormais utilisé par de multiples familles au Japon, se retrouvera également sur de nombreuses tombes dans les cimetières, ou encore sur les bâtiments de certaines sociétés pour encourager la bonne fortune. C'est donc de ce logo que Shigeru Miyamoto se serait (largement) inspiré pour dessiner la Triforce de *Zelda*. Une visite touristique d'Enoshima offre aux voyageurs la possibilité de rapporter des souvenirs de l'île, tels qu'une amulette porte-bonheur, floqués du fameux symbole originel, mais sans avoir à payer les royalties Nintendo !

The Legend of Zelda : A Link to the Past

03 FOCUS CULTURELS

▲ Dans *Nioh*, vous jouez William Adams, qui est considéré comme l'un des premiers samouraïs occidentaux.

LE JEU VIDÉO DANS L'HISTOIRE DU JAPON

Il va sans dire que l'histoire du Japon est d'une densité très importante. L'objectif de ces pages n'est donc ni de réaliser un cours magistral, ni d'aborder celle-ci avec une quelconque prétention d'exhaustivité. Le jeu vidéo, comme de nombreux autres médias de la culture japonaise, s'est d'ailleurs focalisé sur quelques moments bien spécifiques de l'histoire du Japon pour y implémenter ses propositions. Ceci pour des questions de contexte ou d'intérêt en direction du public cible. Ainsi, des pans entiers (siècles ou périodes, comme le Japon aime à les définir) semblent se retrouver tout bonnement absents de la production vidéoludique parue depuis sa mise en branle à la fin des années 1970. Comme indiqué plus tôt,

▼ *Tenchu* fut l'un des premiers jeux d'infiltration 3D dans un univers historique japonais.

Shadow Assault: Tenchu

Tenchu Z

le jeu vidéo n'est pas en cause, tout du moins pas plus que ses confrères les mangas, *anime*, films d'animation et *live*, ou encore les *drama* (les séries télévisées japonaises), qui eux aussi se concentrent sur des segments particuliers de l'histoire du Japon.

On peut globalement diviser celle-ci en trois phases. D'abord, l'isolationnisme qui a conduit les Japonais à rester en autarcie jusqu'au milieu du XVIe siècle et la découverte de l'Archipel par les Portugais ; le Japon est alors refermé sur lui-même et totalement « pur » dans ses ▶

▼ De nombreux châteaux ou musées japonais hébergent de magnifiques collections historiques.

Way of the Samurai 3

traditions et fonctionnements, ce qui inspire un certain nombre de scénaristes à la recherche d'un environnement très historique, pour le coup. Ensuite, entre 1543 et 1868, le Japon devient semi-ouvert, dans le sens où il établit des relations, des interactions et même des échanges commerciaux avec un certain nombre d'autres nations, à commencer par les Pays-Bas ; le pays se mêle alors d'accents occidentaux et certains éléments comme les armes à feu font leur apparition dans le paysage local, créant un environnement bouillonnant et changeant qui implique des mouvements très forts, en particulier autour du shogunat (le gouvernement local à l'époque). Enfin, à partir de 1868 et le début de l'ère Meiji, les Japonais poursuivent et accélèrent très fortement cette phase expansionniste depuis laquelle le pays est totalement ouvert à l'extérieur ; il profite alors d'un développement ultra-rapide qui transforme le pays et le propulse sur le devant de la scène internationale jusqu'à atteindre une position éblouissante (perdue depuis) de deuxième puissance mondiale. Cette partie plus moderne intéresse beaucoup moins les créateurs et, hormis les titres focalisés sur les deux guerres mondiales (donc non limités au Japon), on compte peu de jeux vidéo situés depuis l'avènement de Meiji.

▼ L'armure traditionnelle du samouraï japonais pesait près de vingt kilos.

L'histoire du Japon se divise donc en une petite vingtaine de périodes. Avant Jésus-Christ, on parle du Paléolithique, puis de l'ère Jomon et celle de Yayoi ; rejoints par Kofun, ces deux dernières constituent le Japon ancien. De 538 à 1185, poursuivant sur le gouvernement impérial, c'est le Japon classique qui prend le relais avec Asuka, Nara et Heian (du nom des capitales japonaises de l'époque) avant de

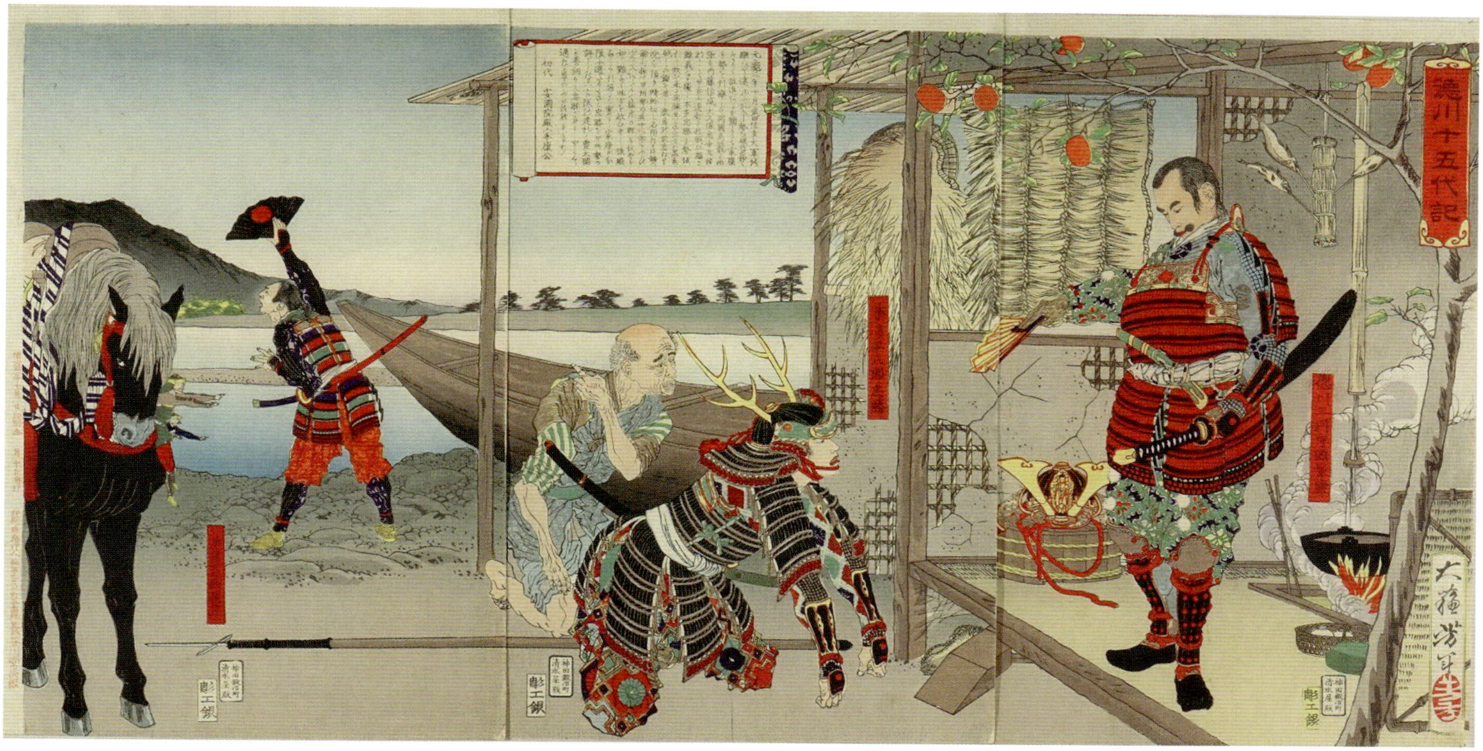

laisser place au Japon médiéval de Kamakura, la courte restauration de Kenmu, Muromachi et enfin Azuchi Momoyama. La fin de Muromachi et cette dernière constituent l'époque Sengoku. Entre 1603 et 1868, c'est l'ère Edo qui implique les nombreux changements de l'ouverture partielle du Japon sous le shogunat omnipotent des Tokugawa. Ensuite, le Japon bascule dans l'ère moderne avec les périodes Meiji, Taisho et Showa au cours desquelles le gouvernement impérial revient au pouvoir. Sept ans après la fin de la Seconde Guerre mondiale, l'ère Showa se poursuit post-occupation, sous une démocratie parlementaire. 1989 et l'intronisation de l'Empereur Akihito inspirent l'ère Heisei et enfin, trente ans plus tard, celui-ci renonce au trône et cède sa place à son fils Naruhito avec lequel démarre l'ère actuelle : Reiwa.

Une fois n'est pas coutume : le premier titre de notre liste n'est pas japonais, mais il a fait date dans l'histoire du jeu vidéo puisqu'il est l'un des seuls à remonter aussi loin dans la représentation de l'histoire ▶

▼ **Le premier mai 2019 a commencé la nouvelle ère du Japon, appelée « Reiwa ».**

du pays. Le premier épisode d'*Age of Empires* (développé par Ensemble Studios et édité par Microsoft sur PC en 1997) donne à contrôler, entre autres, les Yamato, un clan immigré de la période Kofun.
L'on fait ensuite un grand saut dans le temps vers la fin de l'ère Muromachi et ses fameux shinobi (et non ninja, cf. encart). Espions assassins embauchés par les daimyo de l'époque (seigneurs féodaux), ils avaient naturellement pour vocation de rester très secrets, ce qui a permis à beaucoup de légendes de se développer et donc aux créateurs de composer sur ces bases. On les retrouvera ainsi par exemple dans un grand nombre de genres, du *beat'em up* (Guy et Maki des *Final Fight* de Capcom) au RPG (Shadow de *Final Fantasy VI*, de Square Enix et Yuffie Kisaragi de l'épisode suivant, Kage et Kasumi puis Ayame et Watari dans les *Suikoden*

▼ L'histoire japonaise offre naturellement une belle source d'inspiration pour les jeux de tous genres.

Onimusha : Warlords

Age of Empires II

Samourai Shodown (Neo Geo CD)

Age of Empires II

de Konami, Sheena et Suzu Fujibayashi des *Tales of* de Bandai Namco, ou encore les classes dédiées des *Shining Force* de SEGA). De même, le personnage de Sheik découvert avec l'épisode *Ocarina of Time* de *Zelda* (Nintendo, 1998) revendique assez clairement sa filiation. Mais c'est peut-être le jeu de combat japonais, ou d'un autre pays d'ailleurs, qui semble comme s'imposer au minimum un personnage shinobi dans son casting, jugez plutôt : Taki comme *kunoichi* (femme shinobi) dans *Soul Edge* et les *Calibur* de Namco, Kasumi et Ayane dans *Dead or Alive* de Tecmo, Mai Shiranui dans *King of Fighters* de SNK, Yoshimitsu dans *Tekken* de Namco, Kage-Maru dans *Virtua Fighter* de SEGA, Ibuki dans *Street Fighter* de Capcom, Chipp et Answer dans *Guilty Gear* d'Arc System Works, Mondo dans *Toshinden* de Takara/Sony, Jago et Black Orchid dans *Killer Instinct* de Rare, ou encore les nombreuses déclinaisons de Scorpion et Mileena dans les *Mortal Kombat* de Midway/NetherRealm Studios. Même Hideo Kojima a ▶

▼ **Le légendaire Ishikawa Goemon s'est ébouillanté vivant après avoir raté son assassinat du seigneur de guerre Toyotomi Hideyoshi.**

invoqué les shinobi en les imaginant dans des versions modernisées avec Gray Fox et Raiden dans les *Metal Gear* de Konami. Certains jeux d'action-aventure en trois dimensions sont allés plus loin en les installant tout simplement au cœur de leur histoire et de leur *gameplay* : c'est le cas évidemment des *Ninja Gaiden* de Tecmo, excroissances d'aventure des *Dead or Alive* avec Ryu Hayabusa en tête d'affiche, comme des versions modernisées des légendaires *Shinobi* de SEGA dès la Master System, ou encore *Tenchu* d'Acquire qui nous fait interpréter Rikimaru et Ayame du clan Azuma.

Peu éloignés dans le temps se trouvent, d'une part la franchise *Ganbare Goemon* de Konami qui offrit, à travers de nombreux épisodes sortis entre 1986 et 2005, une relecture loufoque de la figure du bandit Ishikawa Goemon, sorte de Robin des Bois nippon (seconde moitié du XVIe siècle) et, d'autre part, l'excellent *Muramasa* développé par Vanillaware qui s'inspire, lui aussi, de la vie d'un illustre Japonais : l'épéiste Sengo Muramasa qui vécut pendant la période Muromachi.

Puis, l'ère Sengoku s'introduit également dans le jeu vidéo. D'abord avec *Nioh* (Sony, 2017) et *Sekiro* (Activision, 2019) qui lui offrent des approches fictionnelles particulièrement esthétiques et inspirées. Mais on s'arrêtera un instant en particulier sur les *Onimusha* de Capcom et leur incursion étonnante d'acteurs réels dans leur esthétique : si la présence de Takeshi Kaneshiro (acteur nippon célèbre) ne surprendra guère, celle de Jean Reno (autre acteur très célèbre au Japon, mais cette fois français) et de décors parisiens modernes rappellera l'audace créatrice habituelle des Japonais ! Les déroulements des jeux réutilisent des figures classiques de l'histoire japonaise dans leur intrigue, notamment Hideyoshi Toyotomi et Nobunaga Oda, seigneurs majeurs et grands unificateurs du pays. ▶

Sekiro : Shadows Die Twice

The Revenge of Shinobi

▼ **Pour le troisième épisode d'*Onimusha*, l'acteur français Jean Reno a lui-même doublé son personnage virtuel.**

Onimusha 3 : Demon Siege

Château d'Osaka

Le Japon moderne, avec l'ère Edo, est l'occasion d'aborder *Ganryu*, discret *hack and slash* de SNK sur Neo Geo datant de 1999 aux magnifiques décors, où le joueur contrôle le fameux épéiste Miyamoto Musashi dans son combat contre Sasaki Kojiro sur l'île de Ganryu. Le Japon féodal inspire, lui, évidemment la série guerrière tactique *Kessen* (Koei, 2000) où l'on revit le conflit entre les clans Toyotomi et Tokugawa. On retrouvera également ce dernier dans *Samurai Spirits* de SNK et datant de 1993 (alias *Samurai Shodown* en Occident), jeu de combat qui prend place pendant la période isolationniste de Sakoku. Si leur présence dans l'histoire du Japon s'est étalée sur de nombreux siècles, les samouraïs sont naturellement convoqués dans d'autres jeux vidéo tels que les (*Way of the*) *Samurai* de Spike où l'on dirige un *ronin*, c'est-à-dire un samouraï sans maître. Il nous faut également citer *Genji* (*Dawn of the Samurai*) pour l'anecdote, développé par les Japonais de Game Republic en 2005 sur PlayStation 2, où l'action se déroule à l'époque de Kamakura, autour du XIIIe siècle, alors que l'ère Genji s'est tenue entre 1864 et 1865.

Sekiro: Shadows Die Twice

Enfin, les geishas n'ont étonnamment été que très peu représentées dans le jeu vidéo, à l'exception d'un jeu éponyme des Français de Coktel Vision, édité par Tomahawk et sorti en 1990 sur Amiga, Atari ST et DOS. Dans ce *point and click* érotique, le joueur se rend au Japon pour sauver sa petite amie Eve qu'un savant fou a kidnappée pour la transformer en geisha robot futuriste. Tout un programme !

Way of the Samurai 3

Metal Gear Solid

L'appellation traditionnelle des soldats de l'ombre japonais est shinobi, forme contractée de *shinobi-no-mono* (忍者 ou 忍の者), qui signifie littéralement « personne qui se dissimule ». Il s'agit de la lecture traditionnelle japonaise (ou lecture sémantique, kun 'yomi) de ces kanjis. En revanche, dans le mode de lecture sino-japonais (ou lecture phonétique, on 'yomi), les kanjis 忍者 se prononcent ninja. Les deux termes signifient donc la même chose. En Occident, le mot ninja devient plus populaire à partir de la Seconde Guerre mondiale, probablement parce qu'il est plus simple à prononcer.

Ninja Gaiden 3

Muramasa Rebirth

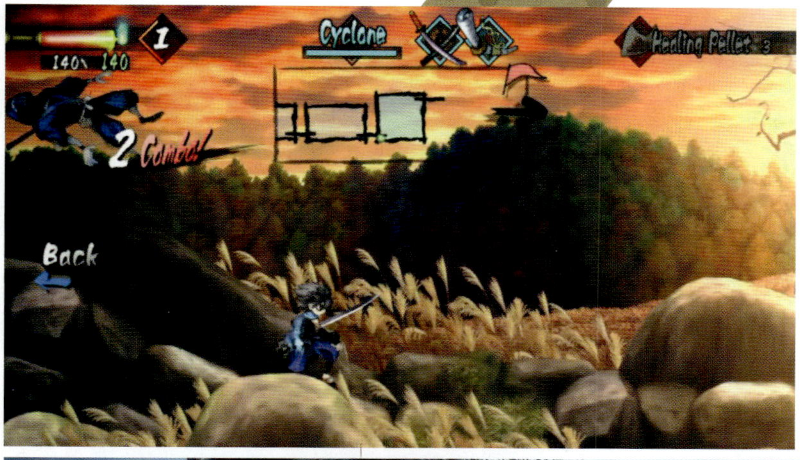

Metal Gear Rising : Revengeance

LES FORCES D'AUTODÉFENSE JAPONAISES

Les Forces d'autodéfense japonaises, aussi connues sous l'acronyme de FAD ou FJA, sont en quelque sorte l'armée du Japon, la force militaire contrôlée par son ministère de la Défense. Établies en 1954 suite à la Seconde Guerre mondiale, elles représentent par nature le renoncement japonais au droit souverain à la guerre, imposé par les États-Unis et autres forces alliées. Bien que discuté, a fortiori ces dernières années dans le cadre des menaces internationales en général et en provenance de la Corée du Nord en particulier, cet article de la Constitution japonaise permet à son armée de préparer ses troupes en cas d'attaque sur son propre territoire, mais également d'accompagner les forces de maintien de la paix des Nations Unies ; ainsi, ces soldats nippons participent notamment à

Earth Defense Force 2025

des opérations militaires en Irak entre 2004 et 2008, ou encore viennent en aide aux victimes du séisme du Tohoku ayant entraîné la catastrophe de Fukushima en mars 2011. À ce titre, elle est listée par le Crédit Suisse, en 2015, comme la quatrième armée la plus puissante au monde, répartie entre ses forces terrestres, maritimes et aériennes.

Bien que déjà abordé dans cet ouvrage, le jeu *Shin Megami Tensei* (par Atlus en 1992) les met en scène dans une guerre menée aux côtés des démons contre les forces américaines. De manière relativement contre-intuitive, la série de RPG tactiques de conflits militaires par Square Enix, *Front Mission*, ne met que très peu en avant les Forces japonaises d'autodéfense ; seul son troisième épisode, paru en 1999 et premier à avoir franchi les frontières occidentales l'année suivante, les aborde et encore : de manière dystopique lorsqu'une explosion intervient dans une de leurs bases en... 2112. Il faudra donc se tourner vers la franchise *Earth Defense* (alias *Chikyu Boeigun* au Japon) de D3 pour en voir une représentation, certes fantasmée, mais peut-être la plus réaliste. Débutée en 2003 avec l'épisode *Monster Attack*, la série, d'abord mineure, aura connu huit itérations jusqu'à 2019. Dans chaque jeu, l'on contrôle des forces globales de défense contre l'invasion de monstres géants sur Terre, dans des représentations en partie japonaises.

Earth Defense Force: Iron Rain

Earth Defense Force 2025

自衛隊

JIEITAI, FORCES D'AUTODÉFENSE JAPONAISES

Project Zero : La Prêtresse des Eaux Noires

LA CAMPAGNE JAPONAISE ET SES MAISONS ABANDONNÉES

Comparativement à l'Europe qui aime à conserver ses vieilles pierres par respect historique ainsi que rénover ses logements pour des questions énergétiques, bien aidée par les coups de pouce fiscaux des gouvernements, le Japon prend une posture tout à fait inverse. Au grand dam des amateurs d'histoire, les vieilles maisons de bois, à l'exception de types spécifiques tels que les *machiya* dans certains quartiers protégés comme à Kyoto, sont généralement rasées pour laisser place à des bâtiments rénovés que d'aucuns pourront juger sans âme. Certes, les normes antisismiques ne laissent parfois pas le choix aux propriétaires de terrains qui voient plus d'intérêt, parfois même économique, à la reconstruction complète plutôt qu'à la rénovation, en particulier dans les mégapoles. Mais l'exode rural, continu depuis l'après-guerre au Japon, encourage également ce phénomène, tant les grandes conurbations s'agrandissent et le mètre carré y flambe,

▲ Le protoype de *Biohazard 4* présentait une ambiance bien différente du jeu final.

creusant la dichotomie entre les villes et les campagnes. Au sein de celles-ci, un autre phénomène s'applique : celui du renoncement. Au Japon, les maisons abandonnées sont connues sous le nom d'*akiya* et, selon le ministère de l'Intérieur japonais, elles représentaient plus de 15 % des résidences de l'Archipel en 2013. Comme elles sont surtout situées dans des villages qui, entraînés par le vieillissement de la population, deviennent peu à peu fantômes, leurs propriétaires ne ▶

Project Zero II: Crimson Butterfly

空き家

AKIYA, MAISON ABANDONNÉE

Loin du genre horreur et tout aussi éloigné des autres épisodes très urbains, le quatrième volet de la série de Persona *d'Atlus nous emmène en campagne, dans un petit village perdu, sans touristes et où personne ne s'arrête jamais. Inaba est la ville de* Persona 4 *et elle est inspirée d'une petite bourgade située en périphérie du mont Fuji. Ses environnements verdoyants sont radieux, le soleil frappe avec force sur une nature en expansion, mais si l'on y prête un peu plus attention, Inaba est une ville qui se meurt.* Persona 4 *traite donc à sa façon de ces villes du Japon qui dépérissent à petit feu en même temps que leurs habitants.*

Persona 4: The Golden

souhaitent pas et ne peuvent parfois même plus assumer les frais de démolition. Si le genre *urbex* (pour « exploration urbaine ») existe depuis un bon moment, le Youtubeur Tev d'Ici-Japon[1] s'est fait une spécialité de visiter des lieux abandonnés au Japon dans une catégorie de ses vidéos qu'il nomme « Xsite », et explore à ce titre de temps en temps des *akiya*.

Le jeu vidéo s'est inspiré de ce phénomène, le mêlant d'accents d'horreur et/ou mystiques, pour y installer certains de ses décors. Bien qu'éminemment japonais, mettons toutefois de côté les omniprésents *Resident Evil* (connu sous le titre de *Biohazard* au Japon ; Capcom, dès 1996) et *Silent Hill* (Konami, dès 1999), puisque leurs scénarios respectifs ne prennent généralement pas place

Project Zero

▼ **La petite ville d'Inaba dans *Persona 4* symbolise parfaitement l'exode rural japonais de ces dernières décennies.**

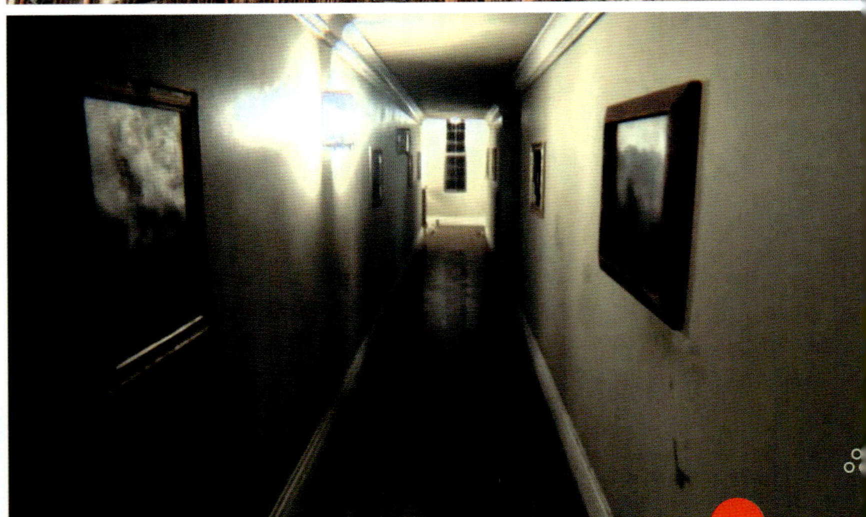
P.T.

Silent Hill 4 : The Room

S'il y a bien un jeu, ou plutôt une expérience vidéoludique, qui s'avère totalement terrifiante, c'est bien P.T. Démo jouable proposée en exclusivité sur PlayStation 4, elle a été retirée du PlayStation Store depuis l'abandon du projet par Konami qui devait rassembler Hideo Kojima, Norman Reedus et Guillermo del Toro dans un nouvel épisode de la série Silent Hill *– et censé s'appeler* Silent Hills. *Le principe de la démo est simple, en vue subjective, le joueur arpente en boucle le même couloir d'une maison lugubre. Malgré ce postulat trivial, Kojima a su briller par son* game design *et a caché de très nombreux secrets. D'ailleurs, des années plus tard, de nouvelles découvertes sont toujours révélées, comme le fait que l'entité maléfique hantant la demeure vous suit en réalité continuellement lors de la partie. Cette entité maléfique rappelle une sorte de Sadako, le personnage du roman* Ring *(Koji Suzuki, 1998) qui sort de la télévision pour vous tuer. Une imagerie que l'on retrouve aussi dans la saga des* Zero *et dans* Silent Hill 4 : The Room *avec le fantôme de Cynthia Velasquez.*

▲ Cette séquence culte du film *Ring* de Hideo Nakata, sorti en 1998, a certainement inspiré les développeurs pour l'ambiance des maisons abandonnées japonaises.

au Japon. On pensera alors à deux jeux en particulier, sortis au début des années 2000. *(Project) Zero* de Tecmo[2], alias *Fatal Frame* aux États-Unis, est un autre de ces *survival horrors* dont l'histoire nous emmène dans la campagne japonaise des années 1980, en particulier au sein de vieilles maisons abandonnées, où le protagoniste doit pacifier et capturer des esprits/fantômes à l'aide d'un appareil photo spécial. Dans un genre analogue, *(Forbidden) Siren* de Sony[3] permet au joueur de voir et entendre en lieu et place d'autres personnages. Situé dans le village fictif isolé d'Hanuda (Hanyuda dans la version japonaise), le scénario propose à dix survivants d'un séisme ayant causé une fracture d'espace-temps d'affronter des *shibito*, littéralement des « personnes mortes » dans des environnements quasiment désertés.

1. https://www.youtube.com/channel/UCeGEv5MBdmGMgZFPrAlEmFA

2. Sept jeux de la série sortiront au total entre 2001 et 2015, sur PlayStation 2, Xbox, Wii, Wii U, 3DS et téléphones mobiles.

3. Trois jeux parus entre 2003 et 2008 sur PlayStation 2 et 3, ainsi qu'un remake HD sur PlayStation 4 en 2016.

Le DJ et documentariste Nick Dwyer a organisé en 2018, avec Red Bull, des soirées *live* sur le thème des jeux vidéo à Paris, Londres, Tokyo et Los Angeles.▲

LES CLUBS

Les représentations de boîtes de nuit dans le jeu vidéo ne sont pas pléthore et on les attribue d'abord à des titres occidentaux. En effet, leurs décors les plus célèbres se retrouvent principalement dans les épisodes de la saga de Rockstar *Grand Theft Auto* (dès 2002 avec le Malibu Club de *Vice City*, jusqu'au récent *GTA Online*), mais on en compte également dans *Hitman : Blood Money* d'Eidos, en 2006 (le Club Hell), *Halo : Reach* en 2010, de Microsoft (l'Errera des Covenants), *Heavy Rain* (Sony), *Just Cause 2* (Square Enix) et *Mass Effect 2* (Electronic Arts) la même année (respectivement le Blue Lagoon, le Mile et l'Afterlife), *Deus Ex : Human Revolution* de Square Enix et *Goldeneye Reloaded* d'Activision en 2011 (le Hive et Barcelona), *Max Payne 3* de Rockstar en 2012 (à São Paulo) ou encore *DmC : Devil May Cry* de Capcom en 2013 (le Devil's Dalliance de Lilith). Bien d'autres titres ont permis aux avatars de déambuler sur les pistes de danse sous des boules à facettes virtuelles, mais la palme du plus loufoque reste bien entendu attribuée à *Conker's Bad Fur Day* des Anglais de Rare en 2001.

▼ Les légendaires compositeurs Motohiro Kawashima (à gauche) et Yuzo Koshiro (à droite).

Mais si les Japonais semblent timides à aborder les clubs dans leurs jeux, incursions gaguesques de *Yakuza* mises à part, c'est sans doute la série *Streets of Rage*, également de SEGA, qui nous amènera au plus proche des ambiances dansantes feutrées. Les compositeurs notamment des légendaires deuxième et troisième volets, Yuzo Koshiro et Motohiro Kawashima, fréquentaient à l'époque des établissements (hélas) aujourd'hui fermés comme le Yellow et le Juliana's. S'ils évoquent le quartier de Nishi Azabu comme terrain de jeu pour leurs escapades nocturnes, on a tendance également à beaucoup citer Roppongi, également à Tokyo, pour sa facilité d'accueil des étrangers en goguette. Difficile de retrouver la musique électro-synthétique si caractéristique de la couleur nostalgique offerte par les *SOR*, mais on y conseillera le V Square, EspritTokyo, le Cat's ou encore le Club Brand.

On vous conseillera aussi de vous plonger dans les jeux de Tetsuya Mizuguchi : *Rez*, *Lumines*, *Child of Eden*, *Tetris Effect*. C'est un développeur et musicien amoureux d'électro qui incorpore dans ses œuvres une approche synesthésiste où se mêlent couleurs, lumières et sons. Certains chanceux ont même eu la chance de pouvoir vivre la musique de Tetsuya Mizuguchi en club : sur un écran géant défilaient des niveaux de *Rez*, et pendant que les stromboscopes éblouissaient la piste de danse, les basses de la musique de Mizuguchi faisaient vibrer les corps et les cœurs des clubbers. ▶

TETSUYA MIZUGUCHI

L'exceptionnel *Rez* de Tetsuya Mizuguchi offre une plongée dans l'univers de la musique électro japonaise du début des années 2000. ▼

Rez HD

Child of Eden

Les nuits dans les mégapoles nipponnes sont certes dansantes, colorées et animée par les boîtes de nuit, mais elles vibrent aussi des mélodies rythmées et des ambiances feutrées des jazz clubs. Tokyo les affectionne tout particulièrement, d'ailleurs on retrouve cette atmosphère dans le morceau In the Bar *de* Streets of Rage 2 *(SEGA, 1992), mais aussi dans l'établissement Gates of Hell que tient Rodin dans le jeu* Bayonetta *(SEGA, 2009). La nouvelle mouture de* Persona 5*, nommée* Royal *(Atlus, 2019), ajoute à ce titre un nouveau lieu à sa longue aventure, et on vous le donne en mille, c'est un jazz club.*
Pour l'anecdote, sachez qu'Hideki Naganuma a travaillé au Blue Note Tokyo avant d'être compositeur de musique de jeu vidéo (notamment Jet Set Radio *mais aussi de nombreux autres titres SEGA). Ce jazz club, très réputé, fait partie du réseau du Blue Note Jazz Club de New York, qui n'en compte que neuf au monde (dont celui de la Grande Pomme). Le Japon est d'ailleurs le seul pays hormis les États-Unis à en compter deux : un à Tokyo et un à Nagoya.*

Streets of Rage 2

▼ Bayonetta se rend dans un club bien particulier, le Gates of Hell, dans lequel elle retrouve une ambiance jazzy plus feutrée, qui convient mieux au personnage.

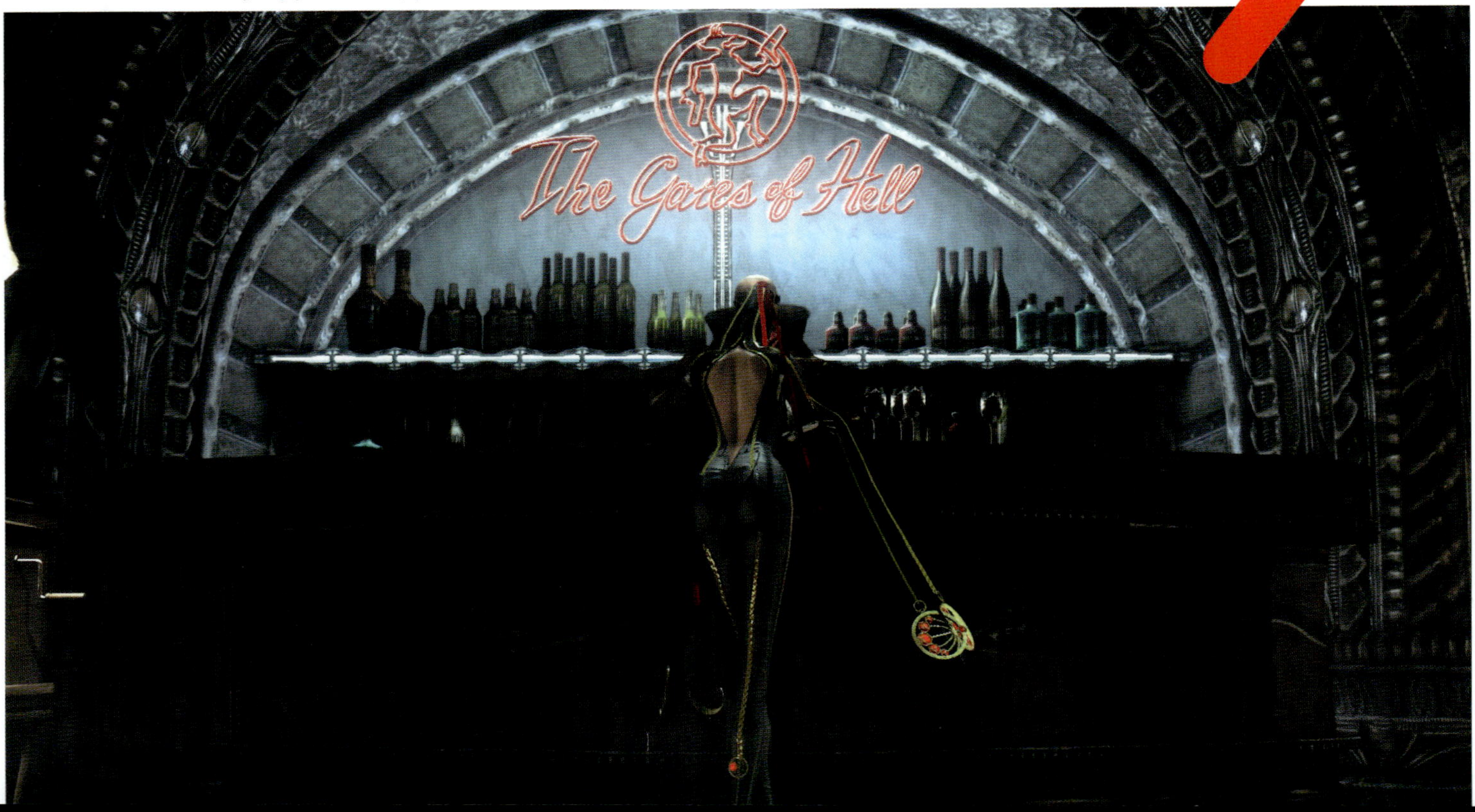

UN CLUB TRÈS PARTICULIER

Le 84 est un club privé très « Nintendance » de Tokyo. Pour y pénétrer et avoir la chance d'entendre la musique des trésors de *Zelda* (qui retentit à chaque ouverture de la porte d'entrée), il faut être membre officiel du lieu. Mais pour en faire partie, il est nécessaire d'être préalablement introduit par quelqu'un qui est déjà… membre. Impossible de trouver le bar autrement, car son adresse n'est répertoriée nulle part et il n'est évidemment pas indiqué dans la rue. Certains témoignages[1] déclarent même avoir dû jurer sur une bible *Mario* de garder le secret.

Mais pourquoi 84 ? C'est tout simplement un jeu de mots sur le nom du propriétaire : Hashimoto. En japonais, il est simple de dissocier les syllabes pour ainsi les faire correspondre à des nombres. Un exemple connu : le créateur Suda Goichi se fait appeler Suda 51, car cinquante et un se dit « *go-ishi* ». Pour le club 84, c'est la même logique. Quatre-vingt-quatre se lit « *hashi* » comme pour de nombreux mots japonais, mais surtout comme « *Hashi* », de Hashimoto, le tenancier du lieu. Néanmoins, les habitués l'appellent « Chokan », qui signifie « chef ».

Le sésame, la fameuse carte de membre en forme de cartouche Famicom, s'obtient en se présentant à ▶

1. Dont celui de Kanae Nakamine du site *Tofugu*, qui propose d'ailleurs un super reportage sur ce lieu.

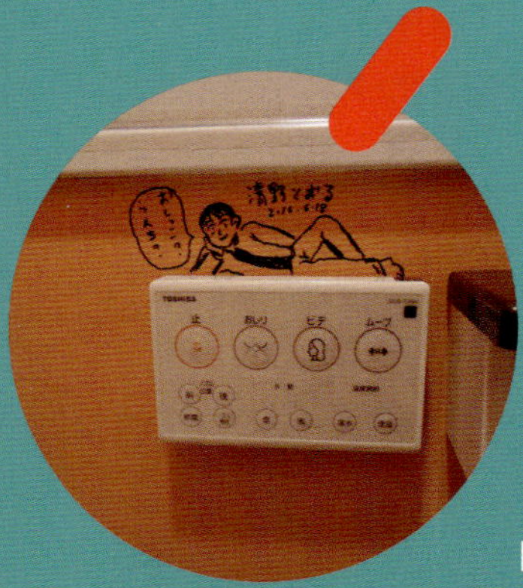

cinq reprises au 84 avec un membre officiel et en discutant avec Monsieur Hashimoto au moins deux fois dans ce que le propriétaire appelle des « réunions ». Traduisez le terme en : « boire des bières et papoter ».

La majorité des membres officiels du 84 sont des développeurs de jeux, tandis que l'autre moitié se voit composée de comédiens, *mangaka*, musiciens, catcheurs (pratique très très populaire au Japon), mais aussi de quelques habitués lambda. Hashimoto refuse catégoriquement ceux qui souhaitent intégrer ce cercle uniquement pour côtoyer des développeurs de jeux. Ces derniers étant là pour se détendre, anonymement, leur tranquillité s'avère une priorité.

Le bar ne sert plus de nourriture depuis 2017, mais les clients peuvent apporter leurs repas achetés à l'extérieur et consommer sur place les boissons proposées. 2 000 yens (un peu moins de 17 euros) sont néanmoins demandés en frais de table, c'est une somme fixe – fréquente dans les bars japonais – à payer même si vous ne buvez rien.

Le lieu est très insolite, on peut y trouver par exemple une Famicom au plafond et un téléphone qui reproduit le son des pièces des jeux *Mario* quand on y insère de la monnaie. Le 84 est rempli des *goodies* et des souvenirs du propriétaire, cependant et à la différence de nos salons, les objets sont souvent signés par les développeurs. C'est un endroit magique et hors du temps, pour les amoureux de jeu vidéo, mais pas pour tous.

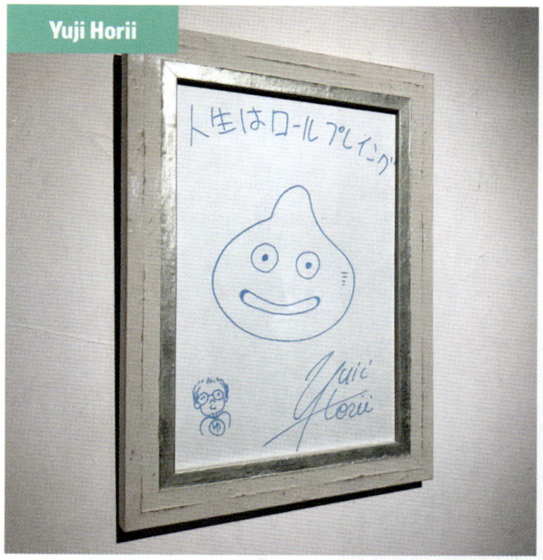

Yuji Horii

Horiguchi Naoshi

Eiji Aonuma

Ken Sugimori

Masahiro Sakurai

Shigesato Itoi

Shigeru Miyamoto

Koji Kondo

Takashi Tezuka

神

KAMI

▲ Dans *Nioh 2*, les *yokai* sont au centre de l'intrigue et du *gameplay*.

LES DIEUX ET ESPRITS SHINTO

Comme nous l'avons vu dans la première grande partie de cet ouvrage, le shintoïsme est l'une de deux religions principales japonaises, née au Japon. Polythéiste, elle vénère des kamis, l'équivalent de dieux, par la visite de sanctuaires shintos répartis partout sur le territoire. Parmi les plus connus, on citera le Tosho-gu de Nikko, le Meiji-jingu d'Harajuku à Tokyo, les Fushimi Inari-taisha et Heian-jingu de Kyoto, l'Izumo-taisha de Shimane, Itsuku-shima à Miyajima, ou encore le Dazaifu Tenman-gu à Fukuoka. Dans la grande majorité des cas, la visite d'un sanctuaire est gratuite et accessible vingt-quatre heures sur vingt-quatre.

▼ La mythologie japonaise est remplie d'esprits shinto appelés *yokai*, aux objectifs divers.

Marvel VS Capcom 3

Shin Megami Tensei III : Nocturne

Dans le jeu vidéo, nous avons déjà abordé le cas d'*Okami*. L'Amaterasu du titre d'aventure, déesse du soleil prenant la forme d'un loup blanc, est également jouable dans *Marvel vs. Capcom 3* du même éditeur. Outre les kamis, les *oni* (démons) ont également été à l'honneur ; c'est le cas par exemple dans *Shin Megami Tensei* (d'Atlus sur Super Famicom à partir de 1992), de *Toukiden* (d'Omega Force via Tecmo Koei, sur consoles PlayStation à partir de 2013) où les protagonistes en combattent avec plus ou moins de légèreté. ▶

▲ **Hitotsume-kozo est un *yokai* relativement inoffensif qui prend l'apparence d'un enfant chauve avec un seul œil.**

▼ **Les *yokai* sont souvent présents comme esprits maléfiques (ennemis ou boss) dans les jeux vidéo.**

Nioh 2

Toukiden : Kiwami

妖怪

YOKAI

Toukiden 2

Cependant, le folklore japonais va plus loin que cette dualité en imaginant les *yokai*, des esprits ou spectres à la fois de la littérature mais aussi de l'inconscient collectif nippon, qui peuvent prendre l'apparence de toute chose et avoir des objectifs variés. C'est bien entendu *Yo-kai Watch* qui se pose en digne représentant du genre sur consoles, avec la franchise à succès de Level-5 sur Nintendo 3DS et Switch depuis 2013. Dans cette série ultra-connue, le protagoniste utilise une montre pour voir, combattre et dompter les esprits maléfiques « Yo-kai » autour de lui, avec l'aide également de son propre *yokai* de compagnie.

Relevons aussi que Tengu, créature légendaire à mi-chemin entre *yokai* et kami prenant la forme d'un monstre volant soit au bec de corbeau, soit au long nez rouge, aura fait une apparition remarquée dans plusieurs jeux de combat *Dead or Alive* en tant que personnage jouable. À Kyoto, on retrouvera d'ailleurs sa tête sous la forme d'une statue géante au début de l'excellente randonnée de Kurama, au nord de la ville.

Enfin, dans *Nioh 2* (Sony, 2020) l'avatar du joueur est un hybride mi-humain mi-*yokai*, il pourra dès lors être soutenu par l'Esprit Protecteur de son choix et grâce à ses capacités hors normes pourra déployer des pouvoirs particuliers, exécuter des contres ravageurs et même se transformer entièrement en *yokai* grâce au Yokai Shift.

▼ **Dans la mythologie, le *yokai* peut également aider un protagoniste.**

▼ **Le nez du Tengu géant au nord de Kyoto est déjà tombé à cause de la neige !**

Yo-kai Watch (saison 3)

Des *yokai*, il en existe des dizaines et des dizaines, certains sont réellement terrifiants alors que d'autres sont plus « drôles », plus malicieux que malfaisants et sont en fait la cause des petits tracas de la vie. Pour illustrer la chose, nous vous présentons ici quelques *yokai* qui glacent le sang, puis une petite sélection des *yokai* insolites et amusants.

- **Akateko** est une main d'enfant rouge qui pend à la branche d'un arbre, accrochée seulement par un ligament. Akateko porte malheur à qui le rencontre : il peut faire un simple croche-patte ou donner une forte fièvre.
- **Kubikajiri** est un monstre sans tête qui erre et mange celle des personnes qu'il rencontre. Se promenant dans les cimetières la nuit, il dévore aussi la tête des morts. Il possède l'apparence d'un homme normal jusqu'à ce que l'on frissonne face à l'étrange silhouette sans tête qui se rapproche. Il empeste l'odeur du sang et ne s'arrêtera que lorsqu'il aura retrouvé sa propre tête.
- **Ittan momen** est un long morceau de coton qui vole et qui s'entoure à la première occasion autour d'une personne pour l'étouffer. Le rencontrer finit toujours mal pour la victime qui, dans le meilleur des cas, aura subi un long moment de suffocation avant de pouvoir s'en sortir.
- **Kayatsuridanuki** est un tanuki qui tourmente les passants la nuit en tendant une moustiquaire en travers de leur chemin.

- **Nurikabe** apparaît le plus souvent la nuit, sous la forme d'un grand mur pour bloquer les promeneurs.
- **Sankichioni** est un *yokai* alcoolique qui boit comme un trou, puis qui repart sans payer des bars et restaurants dans lesquels il passe la nuit.
- **Tatami-tataki** est un *yokai* qui fait du bruit la nuit comme s'il battait des tatamis.
- **Tenjoname** passe son temps à lécher le plafond des maisons, mais ne les nettoie pas. Au contraire, il y laisse des traces de salive.

Enfin, notons que dans le jeu *Yo-kai Watch*, les esprits sont encore plus inoffensifs mais tout aussi sournois, et peuvent être à l'origine d'une perte d'objet ou de la dispute des parents du héros.

Yo-kai Watch 4

LES CONCERTS JV AU JAPON

Si les concerts symphoniques de jeux vidéo ont commencé à se démocratiser d'un point de vue occidental dès le milieu des années 2000, contrairement à une idée reçue le Japon n'est pas le pays le plus actif sur le sujet. Pourtant, c'est bien l'Archipel qui a amorcé le concept, avec notamment ses Orchestral Game Music Concerts : une série de cinq événements répartis sur autant d'années successives dès 1991. Ces concerts proposaient des morceaux tirés des sagas les plus populaires au Japon à l'époque, avec naturellement beaucoup issus de *Final Fantasy* et *Dragon Quest*, mais également des productions Nintendo (*Zelda*, *Mario*, *Mother*, *Star Fox*, *Fire Emblem*, *Donkey Kong*, *Kirby*...) et d'autres licences plus confidentielles sous nos latitudes. De nos jours, l'arbre Video Games Live, et ses plus de quatre cents *lives* proposés un peu partout dans le monde en une quinzaine d'années, cache une forêt d'événements plus individuels égrainés parfois selon les calendriers de sorties des grosses licences. Outre VGL et son catalogue extrêmement varié[1], deux énormes franchises ont été représentées dans l'histoire des concerts de jeux vidéo. D'abord, *The Legend of Zelda* et son fameux tour Symphony of the Goddesses entre 2012 et 2017. Malgré plus de deux cents dates réparties sur cent cinquante villes du monde, de manière très surprenante le concert ne s'est arrêté qu'une seule fois au Japon : à Tokyo le 7 février 2015. En comparaison, Paris y a eu droit à deux reprises : en avril 2015 et en octobre 2016. Mais c'est bien la saga *Final Fantasy* qui a bénéficié du plus grand nombre de représentations au Japon ; le territoire nippon a d'ailleurs entamé les rendez-vous

1. Il compte près de deux cents morceaux.

dès février 2002 et sa série de six concerts introductifs intitulée *20020220*, au Tokyo International Forum (dans le quartier d'affaires de Yurakucho, proche de la gare centrale). Deux ans plus tard, l'événement sort de la capitale avec la tournée Tour de Japon (sic !) et permet aux fans de Yokohama, Sapporo, Nagoya, Fukuoka et Osaka de profiter des réorchestrations symphoniques des plus grands thèmes de la grande saga J-RPG. L'orchestre philharmonique de Tokyo laisse alors sa place aux ensembles symphoniques locaux. En 2004 et l'année suivante, le concept est alors exporté aux États-Unis avec Dear Friends puis More Friends en 2004. Depuis, Square Enix n'a cessé de proposer ses concerts *Final Fantasy* un peu partout dans le monde avec des événements majeurs comme Distant Worlds ou Final Symphony. Dernier exemple en date : l'Orchestra World Tour qui se tient depuis juin 2020 dans le cadre de la sortie de *Final Fantasy VII Remake*. Si la majorité des vingt-deux dates se déroulent aux États-Unis et Toronto, le tour passe par l'Europe (Paris, Londres, Barcelone) et l'Asie (Singapour, Bangkok) avant son apothéose avec deux dates à Tokyo en février 2021. Bien évidemment, pour les amateurs n'ayant pas l'opportunité de découvrir de tels *lives*, des enregistrements sont régulièrement effectués pour proposer l'écoute en streaming ou sur disques.

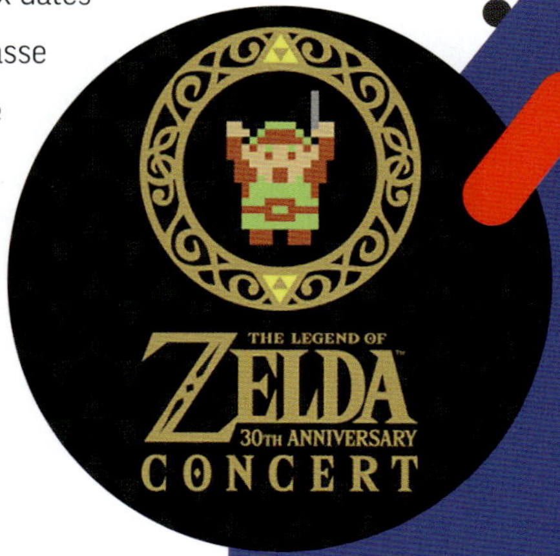

▼ **Les concerts de jeux vidéo attirent de plus en plus de spectateurs venus découvrir des réorchestrations qualitatives et une expérience *live* inimitable.**

コンサート

CONCERT

LES COURSES DE RUE ILLÉGALES AU JAPON

Les courses de rue illégales au Japon portent le nom de *wangan*. Elles se déroulent presque systématiquement de nuit sur les autoroutes en périphérie des grandes villes japonaises comme Tokyo ou Osaka. Au Japon, les amateurs de belles mécaniques sportives se reconnaissent et se mettent au défi en faisant des appels de phares. La plupart du temps, une course se gagne soit en dépassant la voiture de tête, soit pour cette dernière en augmentant significativement l'écart avec sa poursuivante. Il existe même un sous-genre du *wangan* appelé *touge*[1], qui se déroule sur les cols sinueux des montagnes, très nombreuses au Japon ; les monts les plus célèbres pour les héberger sont Hakone près du mont Fuji, Nagano dans les Alpes japonaises ou encore le mont Rokko à Kobe. Le *touge* laisse bien entendu une grande place au *drift*, la technique de dérapage très appréciée des Japonais, qui a d'ailleurs fait l'objet d'un *spin-off* de la franchise cinématographique *Fast and Furious* en 2006, connu sous le nom de *Tokyo Drift*. Enfin, à Osaka particulièrement, on parlera de *kanjo*, du nom de l'autoroute circulaire qui entoure la ville et héberge les *wangan* de nuit.

Bien entendu, le jeu vidéo s'est inspiré du phénomène pour le traiter à différentes reprises. Ainsi, le très correct *Shutoko Battle* de Genki (connu sous le titre *Tokyo Xtreme Racer* aux États-Unis ou encore *Tokyo Highway Challenge* en Europe) a mis en scène ces courses de rue illégales dès 1994 sur Super Famicom, en 1999 sur Dreamcast, 2002 sur mobile puis en 2005 sur PlayStation Portable, prenant place sur

Shutoko Battle

1. Prononcer « tôgué ».

les autoroutes Shuto qui quadrillent Tokyo, y intégrant même des composantes *tuning*. Impossible également de ne pas aborder *Initial D*, franchise éminemment connue et reconnue des amateurs de sport mécanique, originellement créée en manga, mais avec plus d'une vingtaine de déclinaisons vidéoludiques depuis 1998. Elle a d'ailleurs servi à faire connaître le *touge* auprès du grand public. Les éditeurs occidentaux ne sont pas en reste, avec notamment l'incursion de Rockstar Games dans le genre à travers ses *Midnight Club* sortis sur tous les supports de l'époque entre 2000 et 2009. Proposant principalement des tracés aux États-Unis, les jeux offrent aussi la possibilité de rouler en Europe (Paris et Londres) ainsi que dans la capitale japonaise, sur la partie du Shuto qui longe la baie de Tokyo. Les différents logos du jeu utilisent même régulièrement les kanjis de 湾岸 *wangan*.

Enfin, le fameux *Metropolis Street Racer* de Bizarre Creations, sorti une fois de plus sur Dreamcast en 2000 avec son inoubliable système de Kudos, modélisait trois villes (Londres, Tokyo et San Francisco) pour y héberger ses courses de rue. À noter que le jeu n'est jamais sorti au Japon. Sa suite sur Xbox, en 2001, *Project Gotham Racing*, aura eu cette chance, elle. Seconde meilleure vente de la machine après *Halo*, elle conserve évidemment Tokyo comme décor, y ajoutant New York.

Initial D Arcade Stage Zero

湾岸

WANGAN

Initial D Arcade Stage 8 Infinity

Metropolis Street Racer

Hatsune Miku : Project DIVA X HD

LE KARAOKÉ JAPONAIS

Au Japon, le karaoké est un véritable phénomène. Outre le fait que le mot original provienne du japonais[1], cette activité est pratiquée régulièrement par un très grand nombre de Japonais, notamment en soirée. Contrairement à l'Occident, le karaoké à la nipponne se pratique en petits groupes, et non pas dans une grande salle ouverte. On appelle les petites pièces insonorisées utilisées par le Japonais des « *karaoke boxes* », que l'on loue à l'heure ou pour la nuit complète, entre amis ou entre collègues. Il est même possible d'y dormir pour pas trop cher lorsque l'on est un voyageur sans le sou[2]. Les participants peuvent commander des en-cas et surtout des boissons, qui sont livrées directement dans chaque box par le personnel de l'établissement. Ces dernières années, le matériel proposé est naturellement devenu de plus en plus perfectionné, avec notamment l'apparition de technologies tactiles pour faire son choix plus facilement parmi l'immense liste de titres proposés. Il est ainsi possible de pousser la chansonnette sur

Hatsune Miku Project Diva F 2nd

1. **Il s'agit de l'apocope des mots 空 « vide » et オーケ pour « orchestre ».**
2. **Mais cela reste contraire aux règles de certaines chaînes.**

カラオケ

KARAOKÉ

tous les morceaux populaires du moment ou des dernières années, mais également sur des génériques intemporels de dessins animés. À ce titre, impossible de ne pas évoquer *Zankoku na Tenshi no Teeze*, interprété par la chanteuse Yoko Takahashi, thème principal légendaire de la série animée *Neon Genesis Evangelion* qui figure, depuis sa sortie en 1995, encore très fréquemment en haut des classements des morceaux les plus chantés en karaoké au Japon. Pour la petite anecdote, si bien évidemment le répertoire français n'y est pas le plus représenté, on trouvera régulièrement *Les Champs-Élysées* de Joe Dassin : le titre est donc devenu l'incontournable des expatriés en fin de soirée parfois arrosée ! ▶

On trouve de très nombreux karaokés dans tous **les quartiers de divertissement des grandes villes**. *La chaîne la plus connue reste sans doute Karaoke Kan et son logo aux néons rouges, avec ses centaines d'établissements répartis sur le territoire japonais. Immortalisée par la séquence culte du film* Lost in Translation *(2003) de Sofia Coppola, avec Bill Murray et Scarlett Johansson, il est possible d'y louer des costumes, de prendre des options « boisson à volonté » ou encore de réserver à la demi-heure ou pour la nuit.*

karaokekan.jp/index.html

En matière de jeux vidéo japonais, c'est bien entendu *Project DIVA*, sorti sur PlayStation Portable en 2009 et suivi de ses multiples déclinaisons sur les autres consoles de Sony ainsi que sur Switch, iOS et en arcade, qui se présente comme une référence du genre. Sa protagoniste, la vocaloïde adorée Hatsune Miku, en est l'égérie. Mais une fois n'est pas coutume, c'est du côté des éditeurs occidentaux que viennent les adaptations les plus « fidèles ». Car *Project DIVA* n'est qu'un jeu de rythme parmi tant d'autres au Japon, et les *Beatmania* (Konami, dès 1997), *Taiko no Tatsujin* (Namco, dès 2001), *Dance Dance Revolution* (Konami, dès 1998) et consorts ont eu, et ont encore, bien souvent plus de succès et de longévité que notre idole virtuelle aux cheveux turquoise. On citera donc plutôt, sur quasiment toutes les consoles, les étendards *Karaoke Revolution* (Konami, dès 2003) et *SingStar* (Sony, dès 2004), *High School Musical : Sing It* (Disney, dès 2007, avec ses idoles adolescentes Zac Efron et Vanessa Hudgens) puis sa « suite » avec les chansons les plus iconiques du répertoire des films d'animation Disney, *Just Sing* (Ubisoft, 2016, dérivé de l'omniprésent *Just Dance*) ou encore le plus costaud *Rock Band* d'Harmonix dès 2007 (où le chant est parallèle à la guitare, la basse et la batterie). Cette liste s'inscrit parmi d'innombrables titres plus anonymes, sortis pendant des années sur la machine reine du

▲ **Les bornes d'arcade *Dance Dance Revolution* symbolisent l'explosion des jeux de rythme au Japon à partir de la fin des années 1990.**

jeu *casual*, où le karaoké fait figure de *party game* par excellence : la Wii ; avec, comme pour clôturer le phénomène, *Karaoke U* (Joysound) sorti en 2013 sur sa petite sœur. L'occasion de remarquer que, si le karaoké s'avère un phénomène de société qui ne faiblit pas IRL au Japon, c'est presque exclusivement en Occident que l'activité reste un apanage sur consoles : deux manières bien différentes, donc, de chanter dans un micro avec ses proches.

Taiko no Tatsujin

▲ On trouve d'innombrables karaokés au Japon, car il s'agit d'une sortie très appréciée des Japonais en soirée depuis des décennies.

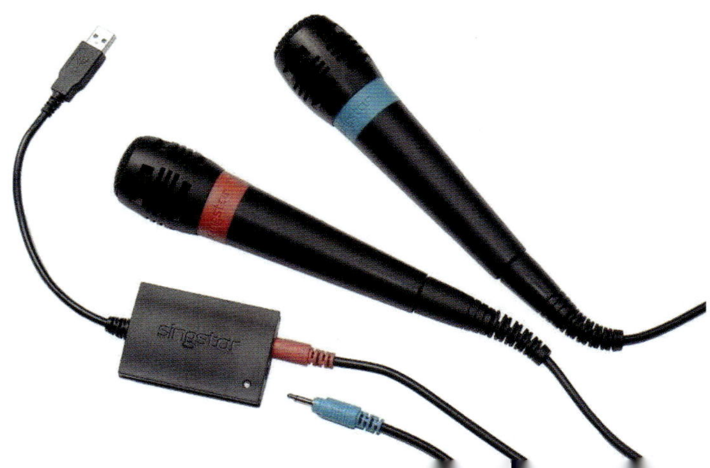

▲ **Impensable au temps de la guerre SEGA-Nintendo des années 1980 et 90, les deux mascottes et leurs compères respectifs se sont retrouvés dans des jeux de sport à succès.**

LES SPORTS JAPONAIS

Comme évoqué dans le premier chapitre de cet ouvrage, le baseball reste le sport national japonais. Si le sumo a vu quelques tentatives peu éloquentes poindre sur consoles, principalement sur les machines Nintendo dans les années 1980 et 1990, le baseball, lui, peut se targuer d'avoir des dizaines d'adaptations jeux vidéo sorties sur toutes les machines du marché, et ce dès les années 1970. Et si, une fois n'est pas coutume, les Nord-Américains ont pu en découvrir presque plus de versions différentes, le Japon a bien évidemment proposé une lecture bien spécifique de ce sport sur consoles. On ne peut ainsi que citer *Jikkyo Powerful*

▼ **La franchise *FIFA* aura eu raison de la franchise *Winning Eleven* (*Pro Evolution Soccer* chez nous) qui lui tenait la dragée haute dans les années 1990.**

eFootball PES 2020

Jikkyou Powerful Pro Baseball

Pro Yakyu (aussi connu sous le titre *Power Pro*), un jeu de baseball aux dizaines de versions différentes dont la première itération a vu le jour en 1994 sur Super Famicom, et où les personnages sont représentés en mode *super deformed* : avec une grosse tête et un petit corps. Depuis la Wii, la série semble toutefois tombée en désuétude. Plus récemment, c'est la franchise *MLB* qui tient la dragée haute dans le genre mais, trop ▶

野球

YAKYŪ (BASEBALL)

▼ **Les *batting centers* ne sont pas des plus nombreux au Japon, mais ils restent une activité prisée des jeunes Japonais.**

Mario & Sonic aux Jeux olympiques de Tokyo 2020

marketée à l'américaine, elle n'est même pas distribuée au Japon.

Les Nippons préfèrent, eux, frapper les balles IRL dans des *batting centers*, des sortes de centres d'entraînement ludiques souvent juchés sur le toit des immeubles dans les grandes villes, où l'on manie sa batte pour renvoyer le plus fort possible, dans d'immenses filets, des balles lancées par des machines. À noter que les Japonais sont plutôt doués au baseball et même en sport en général, bien aidés par l'importance donnée à l'activité physique au cours de la scolarité, qui débouche sur un sport universitaire de haut niveau, avec des circuits professionnels de jeunes très populaires. Ainsi, les Japonais sont à la fois très bons et friands de football (qu'ils nomment *sakkaa*, un emprunt phonétique au terme américain *soccer*), avec leur franchise inimitable *Pro Evolution Soccer* de Konami, alias *PES* (anciennement *Winning Eleven* ou *International Superstar Soccer* sous

Everybody's Golf

▼ **Dès 1983, l'éditeur japonais Konami sortait un jeu vidéo de sport avec *Track and Field*.**

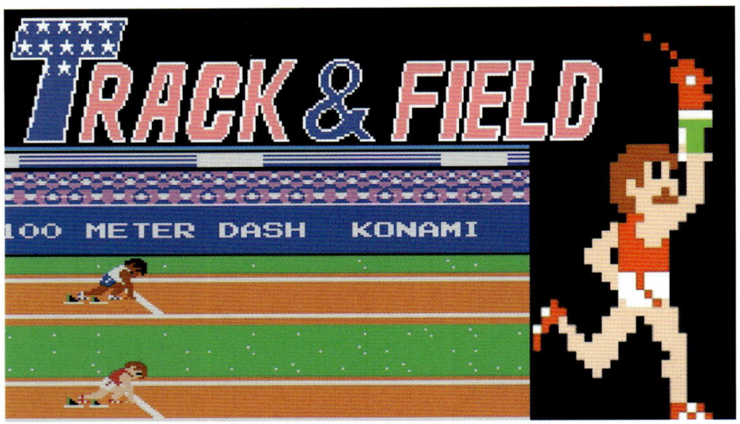

International Superstar Soccer Deluxe

également pour la plupart des innombrables jeux vidéo tirés de licence *shonen*, le rayonnement de ces derniers suffisant, la majorité du temps, à vendre chaque nouvelle édition par palettes entières sans grande difficulté, quel que soit son intérêt ludique (souvent faible, soyons honnêtes).

Ainsi, parmi les adaptations torrentielles, on relèvera des évidences : *Dragon Ball*, *Naruto*, *One Piece*, *Saint Seiya* (alias *Les Chevaliers du Zodiaque*), *Captain Tsubasa* (alias *Olive et Tom*), *Bleach*, *Hunter x Hunter*, *Jojo's Bizarre Adventure*, *Shaman King*, *Shingeki no Kyojin* (alias *L'Attaque des Titans*), *Yu-Gi-Oh!*, *Yu Yu Hakusho* ou encore *Berserk*. Pour parachever cette collection *shonen/seinen*[1], on citera naturellement les sorties de *Jump Super Stars* sur Nintendo DS en 2005, puis de sa suite *Jump Ultimate Stars* l'année suivante et, plus récemment, de *J-Stars Victory VS* sur consoles PlayStation en 2014 et enfin de *Jump Force* sur les machines de dernière génération, en février 2019. Si l'éditeur Bandai a fait grand bruit avec ces différents jeux de combat regroupant tous ▶

▲ **Les licences *Jump* sont tellement nombreuses que plusieurs jeux de combat chorals sont sortis sur différentes consoles.**

Dragon Ball Z : Hyper Dimension

A.O.T. 2

Jump Force

Saint Seiya : Soldier's Soul

Dragon Ball Z 2 : La Légende Saien

漫画
MANGA

ONE PIECE World Seeker

les personnages de licences manga les plus connus, un autre, sorti en 2006 sur GameCube et PlayStation 2, est étonnamment paru dans une relative indifférence ou, en tout cas, il fut rapidement oublié depuis : il s'agit de *Battle Stadium D.O.N*, cette fois exclusivement basé sur les protagonistes de *Dragon Ball*, *One Piece* et *Naruto* (d'où son acronyme). Parmi ces listes, seul un jeu sort réellement du lot pour ses qualités à la fois techniques et ludiques : *Dragon Ball FighterZ* paru en 2018 sur toutes les consoles de la génération ainsi que sous Windows. Et pour cause : on le doit à l'équipe d'Arc System Works, les développeurs expérimentés de *Guilty Gear* qui ont réussi à marier une licence plus que trentenaire avec un système de jeu de combat nerveux, technique et incroyablement bien équilibré. Il fait d'ailleurs, depuis, les beaux jours de nombreuses compétitions d'e-sport. La France étant le troisième[2] marché consommateur de mangas après le pays du Soleil levant, il n'est pas étonnant que nombre de ces adaptations aient été localisées pour une sortie sous nos latitudes, avec également beaucoup de succès commerciaux pour la plupart.

NARUTO TO BORUTO: SHINOBI STRIKER

▼ Le *gameplay* s'inspire du scénario des mangas, ainsi les jeux *Yu-Gi-Oh!* offrent de combattre à l'aide de cartes.

Yu-Gi-Oh! Legacy of the Duelist

2. Longtemps seconde, la France s'est récemment fait doubler par les États-Unis.

漫画

MANGA

Au Japon, les mangas sont prépubliés à raison d'un chapitre par semaine dans des magazines hebdomadaires épais, au papier de qualité médiocre (ces magazines sont souvent jetés après leur lecture), et publiés en grande majorité depuis la fin des années 1960. Le *Shonen Jump*, édition phare du lundi de la grande maison d'édition Shueisha, dédié aux mangas du genre éponyme (comportant aussi quelques pages se penchant sur les jeux vidéo), est tiré à 3 millions d'exemplaires environ – avec un pic à 6,5 millions d'exemplaires en 1995. Sur le plan jeux vidéo, c'est *Famitsu*, également hebdomadaire, qui reste la référence en matière de presse papier ; il est tiré à environ 800 000 exemplaires. Son système de notation sur quarante points, permis par l'addition des notes sur dix de quatre testeurs, a fait sa renommée : à l'heure où ces lignes sont écrites, seuls vingt-sept jeux ont obtenu la note suprême depuis le lancement du magazine en 1986. S'il a longtemps été culte en Occident, il reste au Japon un magazine destiné aux plus jeunes. De plus, il souffre depuis quelque temps d'une mauvaise réputation, à cause des notes qu'on soupçonne achetées par les éditeurs de jeux.

Outre les kiosques, on trouvera des magazines en vente au Japon principalement dans les supérettes *konbini*. Jusqu'à la fin des années 2010, les nombreuses revues érotiques faisaient partie du lot et pouvaient être feuilletées par n'importe qui, enfants y compris (elles se trouvaient d'ailleurs à leur hauteur). L'approche des Jeux olympiques de Tokyo 2020 a heureusement balayé cette vieille tradition.

LES ARTS MARTIAUX JAPONAIS

Street Fighter V

Parmi les arts martiaux japonais les plus connus, on citera naturellement le judo, le karaté et l'aïkido. On peut avancer sans trop se tromper que, depuis le début des jeux vidéo, peu d'adaptations d'arts martiaux sur support vidéoludique ont su réellement convaincre – les nostalgiques se rappelleront néanmoins d'*International Karate +* (System 3, 1987), *Karate Champ* (Data East, 1984) ou *Best of the Best : Championship Karate* (Loriciel, 1992). Et ce ne sont pas les quelques vieilles tentatives sur le sumo[1] qui viendront nous contredire. Un peu comme notre rugby, il semblerait

que ces sports soient trop compliqués à virtualiser pour proposer des simulations qualitatives.

Toutefois, les développeurs japonais ne se sont pas arrêtés à cet état de fait et sont venus le contourner en intégrant des personnages aux styles plus ou moins représentatifs dans leurs fameux jeux de combat. Dès la fin des années 1980 avec *Street Fighter* (Capcom ; à partir de 1987) et *Art of Fighting* puis *King of Fighters* (SNK ; au début des années 1990), les arts martiaux font une incursion remarquée dans le jeu vidéo, bien aidés par le style arcade du *gameplay* et le faible réalisme des graphismes en deux dimensions. Ainsi, on citera notamment le style *shorinji kempo/shotokan* de Ryu et Ken, les deux frères rivaux, avec une direction *ansatsuken/satsujinken* pour Gouki (Akuma en Occident), ou encore *bushinryu* chez Guy. Du côté de SNK, on retrouvera du plus inventif : Kyo Kusanagi utilise un style éponyme inventé, mélange de karaté et de kung-fu chinois ; de même pour Eiji Kisaragi qui, lui, fait un melting-pot de dix-huit (!) disciplines ; l'opulente Mai Shiranui et Andy Bogard pratiquent le *shiranui-ryuu ninjutsu*, lui aussi savoureux ▶

1. Voir le chapitre sur les sports japonais, p. 126.

Bushido Blade

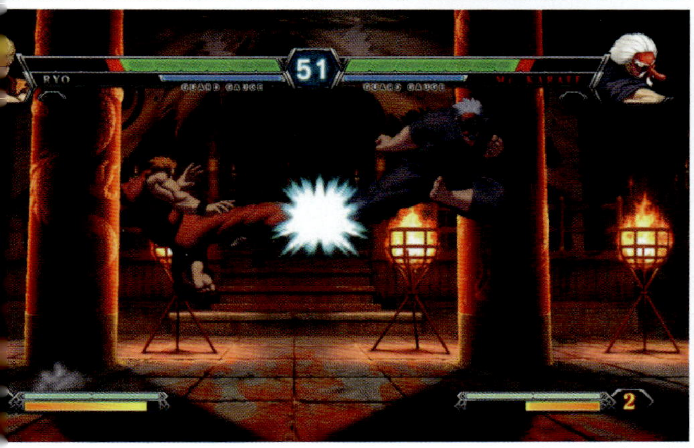

King of Fighters XIII

武芸

BUGEI, ART MARTIAL

De passage au Japon, on conseillera la visite de grands dojos, tels que le Kodokan à Tokyo (spécialisé dans le judo) ou le Butokuden à Kyoto. Le château de Shuri à Okinawa, berceau du karaté, a malheureusement été emporté par les flammes à l'automne 2019. Enfin, assister à un tournoi de sumo (uniquement les mois impairs) s'avère une expérience exceptionnelle, mais obtenir des places ne sera pas chose aisée !

▲ Vue aérienne du château de Shuri à Okinawa, juste après l'incendie l'ayant ravagé en octobre 2019.

brassage de nombreux arts ; enfin, les Sakazaki utilisent un mélange de karaté et de full-contact connu sous le nom de Kyokugenryu.

Dans les plus récents *Tekken* (Namco, 1994) et *Dead or Alive* (Team Ninja, 1996), la liste des différents arts martiaux se veut beaucoup plus internationale, jusqu'à lorgner du côté de la capoeira avec Eddy Gordo et Christie Monteiro par exemple[2]. En restant parmi les arts japonais, dans *Tekken* les sœurs Nina et Anna Williams sont des pratiquantes d'aïkido ; Paul Phoenix tire ses influences du judo ; quant au karaté, on en retrouvera des bribes franches chez les Mishima. Du côté de *Dead or Alive*, Ein et Hitomi pratiquent également le karaté ; quant à Momiji, elle s'inspire du plus récent *daito-ryu aiki-jujutsu*, basé sur les contres ; le ninjutsu plus global se retrouvera notamment chez Ayane, Hayate, Kasumi et

2. Bien qu'on ait connu ce style brésilien dès 1997 dans *Street Fighter III* avec Elena.

▲ Les jeux *Dead or Alive* mettent en scène de nombreux types d'arts martiaux différents, mais naturellement les japonais sont bien représentés.

▲ **Le château de Shuri avant l'incendie ; il devrait être reconstruit à l'identique entre 2022 et 2026.**

Ryu Hayabusa ; enfin, la Team Ninja a imaginé un art martial du nom de tengu-do, employé par Nyotengu et le boss Bankotsubo, qui puise ses références au cœur de la mythologie nipponne.

Plus historique, il nous faut enfin citer *Bushido Blade*, jeu de combat très exclusif de Square sorti sur la première PlayStation en 1997, qui prend place dans un Japon féodal où les samouraïs s'affrontent en respectant le code d'honneur suprême. Ainsi, si l'on attaque son adversaire avant les salutations, si on le frappe dans le dos, ou si on lui jette de la terre au visage, ces actions déloyales ne permettront pas d'accéder à la fin du jeu.

Dead or Alive 6

▲ Mario invite les visiteurs, depuis 2020, à découvrir une grande zone dédiée à son univers au parc Universal Studios Osaka.

LES PARCS D'ATTRACTIONS

PAYS RICHE OÙ L'ENFANT, SOUVENT UNIQUE, EST AU CENTRE DES PRÉOCCUPATIONS DE SES PARENTS, LE JAPON POSSÈDE UNE QUANTITÉ IMPRESSIONNANTE DE PARCS D'ATTRACTIONS RÉPARTIS SUR TOUT SON TERRITOIRE. AVEC PLUSIEURS DIZAINES DE MILLIONS DE VISITEURS CHAQUE ANNÉE, LE PLUS FRÉQUENTÉ, ET PEUT-ÊTRE ÉGALEMENT LE PLUS CONNU, RESTE SANS DOUTE TOKYO DISNEY RESORT. SI CE DERNIER NE POSSÈDE AUCUN RAPPORT DE PRÈS OU DE LOIN AVEC LE JEU VIDÉO, ON PEUT EN REVANCHE CITER LES DEUX RÉFÉRENCES SUIVANTES POUR PROFITER DE SON TEMPS AU JAPON AVEC DES ATTRACTIONS VIDÉOLUDIQUES GRANDEUR NATURE.

Universal Studios Japan

Ouvert en 2001, Universal Studios Japan est le deuxième parc d'attractions du Japon en termes de fréquentation, et le quatrième au monde. Près d'un million de Japonais possèdent même le passeport qui leur permet de visiter le parc sans frais pendant toute une année. USJ, de son petit nom, est connu pour proposer des attractions variées sur une cinquantaine d'hectares dans la baie d'Osaka. Bien entendu, les licences Universal y sont très représentées, avec en tête de file *Harry Potter*,

À Tokyo, on trouvera des batting centers *principalement dans les quartiers de loisirs comme Ikebukuro ou Shinjuku. Parmi les meilleurs établissements, on citera Oslo à Kabukicho, ouvert tous les jours de 10 heures à 1 heure du matin.*

nos latitudes) qui, bien que subissant souvent le rouleau compresseur *FIFA* dès l'arrivée fracassante de ce dernier sur le marché en 1995, n'a souvent pas à rougir de la comparaison.

Chez les populations plus âgées et plus à l'aise financièrement, donc principalement parmi les *salarymen*, le golf conserve tout son attrait et fait même partie, dans certaines structures, de la culture d'entreprise. Les jeux vidéo de golf sont donc relativement bien représentés, mais la franchise reine reste *Minna no Golf* de Camelot Software (*Everybody's Golf* en Occident) et son esprit très arcade qui propose des coups fantasques et une kyrielle d'accessoires. On est ici bien loin[1] de la série officielle *PGA Tour* d'Electronic Arts, à l'inclinaison beaucoup plus simulation. Enfin, étant donné que les Jeux olympiques de 2020 se déroulent à Tokyo, la capitale japonaise s'est transformée entre 2015 et 2020 pour les accueillir comme il se doit, alors comment ne pas parler des adaptations vidéoludiques des JO ? Si les vieux briscards laisseront échapper une petite larme en souvenir du mythique *Track & Field* de 1983 sur Famicom, ces dernières années, les deux mascottes légendaires Mario et Sonic (et toutes leurs cliques respectives) se sont associées dès 2007, avec beaucoup de succès commercial, pour représenter l'événement sportif le plus important au monde sur consoles.

1. Même si *Mario Golf* a fait encore plus déjanté !

New Everybody's Golf

▲ De plus en plus d'Occidentaux élèvent des Akita et surtout des Shiba Inu, bien que ces chiens nécessitent une attention toute particulière.

LA FOLIE DES ANIMAUX DOMESTIQUES

Le Japon est un pays riche, aux interactions sociales parfois compliquées[1], où faire un enfant n'est facilité ni par la pression sociale qui pousse les femmes à arrêter de travailler après la naissance de leur premier enfant, ni par les modes de garde des bébés peu développés et surtout peu nombreux jusqu'à l'entrée en maternelle. Dans ce contexte, le marché des animaux domestiques et de leurs accessoires est extrêmement développé, notamment grâce au pouvoir d'achat relativement élevé des travailleurs sans enfant, mais aussi parce qu'ils ont tendance à se substituer socialement à la procréation ; ainsi, de nombreux jeunes adultes retardent le plus possible, voire abandonnent l'idée de

Après un pic au cours des années 2010, la folie des cafés à chats au Japon semble être un peu retombée, aidée par la législation qui a progressivement mieux protégé les animaux. Pour découvrir le phénomène dans de bonnes conditions, on suggérera le classique mais excellent Monta à Taito, Temari no Ouchi à Kichijoji et son impressionnant décor, ou encore Nekorobi à Ikebukuro.

1. Voir page 162 sur les jeux de drague.

se reproduire, et se tournent donc vers les animaux de compagnie, en particulier les chiens de petite taille et les chats. On en trouverait plus au Japon qu'en France sur un plan purement statistique.

Si le Shiba Inu et son cousin l'Akita Inu restent les chiens japonais par excellence, ils sont d'une taille trop imposante et ont un besoin de grand air trop important (particulièrement concernant le second) pour les Nippons qui vivent en grande majorité dans les conurbations. Ainsi, on trouvera plutôt des chihuahuas et consorts, ou encore le fameux Scottish Fold chez les chats. Pour celles et ceux qui n'auraient pas encore franchi le pas, le concept de « cafés animaux » reste très répandu au Japon, en particulier dans les grandes villes. Si la version chat reste la plus courante, et sans doute la plus appréciée, on en trouve des versions plus exotiques, où les chouettes ou encore les serpents sont représentés.

Ce goût pour le *kawaii* (en japonais, un équivalent de notre « mignon » ou « trop chou ») se retrouve bien évidemment dans la culture populaire japonaise et naturellement aussi dans le jeu vidéo. Son porte-étendard reste bien entendu *Nintendogs*, ▶

動物
ANIMAL

▼ Au Japon, particulièrement dans les grandes villes, prendre son café avec des chats est une activité normale depuis les années 2000.

sorte de Tamagotchi amélioré, sorti en 2005 à la surprise générale sur Nintendo DS, et formidable succès commercial avec la bagatelle de 24 millions d'exemplaires vendus en une dizaine d'années, soit le deuxième jeu le plus vendu de la console après *New Super Mario Bros*. Excusez du peu ! Ce même Mario, d'ailleurs, n'a pas hésité à revêtir le costume de *tanuki*, un chien viverrin du Japon, dès *Super Mario Bros. 3* en 1988, alors que dans le même temps, son frère Luigi se singeait en *kitsune*, le dieu renard notamment rencontré au sanctuaire Fushimi Inari Taisha de Kyoto[2].

▼ **Certains Neko cafés proposent des décors tout à fait étonnants, ici Temari no Ouchi.**

▲ **Le *tanuki*, connu à l'extérieur du Japon grâce au film *Pompoko* de feu Isao Takahata (Studio Ghibli) est un chien viverin aux bourses de taille légendaire !**

Cependant, le véritable représentant du *tanuki* dans le jeu vidéo, c'est bien Rocky du jeu Super Famicom *Pocky & Rocky* sorti en décembre 1992, où il accompagne la prêtresse shinto Pocky dans un *shooter* tout mignon. Et que dire des *Pokémon*, littéralement les « *Pocket Monsters* » alias « monstres de poche », dont le design des centaines de créatures est souvent inspiré de toutes formes d'animaux et insectes dont les enfants japonais restent particulièrement friands ? Les développeurs nippons ont en tout cas fait montre d'une inventivité sans bornes pour représenter les animaux dans leurs jeux jusqu'aux plus fantasques : on pensera naturellement au dinosaure Yoshi, à Sonic le hérisson et son compère Tails le renard à deux queues, au singe Donkey Kong et sa bande, aux Chocobo et Moogle des *Final Fantasy*, à Bub et Bob les dragons de *Bubble Bobble*, à Toro Inoue le chat-mascotte de Sony au Japon, ou encore au chien anthropomorphe *Parappa the Rapper*, et bien entendu à toute la bande des *Animal Crossing*. Enfin, parmi les plus réalistes, ce sont forcément les chevaux Epona (*Zelda*) et Agro (*Shadow of the Colossus*) qui ressortiront parmi les plus marquants de l'histoire du jeu vidéo japonais.

2. Voir page 174 dédiée à *Star Fox*.

LE JAPON FUTURISTE

Le Japon du futur dans le jeu vidéo est avant tout un Japon de dystopies. Si ce genre nous conduit en premier lieu à penser aux références occidentales *BioShock* (2K, 2007), *Deux Ex* (Ion Storm, 2000), *Half-Life 2* (Valve, 2004) ou encore le sous-coté *Enslaved: Odyssey to the West* (Ninja Theory, 2010), les développeurs japonais ne sont pourtant pas en reste. Le territoire nippon compte sans doute parmi les plus hostiles en termes de catastrophes naturelles potentielles : séismes, tsunamis, volcans, typhons... L'Archipel est peu épargné par les caprices de la Terre et son peuple, à la fois résilient[1] et préparé, sait que son quotidien peut basculer d'une minute à l'autre sans avoir reçu aucune alerte en amont. Le récent exemple du séisme de mars 2011, et du tsunami qui a suivi, en est encore un rappel puissant. Ainsi, le Japon éduque ses enfants aux bonnes réactions en cas de séisme[2] et érige ses bâtiments sur la base de normes antisismiques aussi efficaces qu'impressionnantes : lors d'un tremblement de terre, les immeubles vont onduler pour absorber les secousses sans dommage.

Dans le jeu vidéo, donc, on citera forcément la série d'Irem *Zettai Zetsumei Toshi* (littéralement « la ville absolument désespérée », alias *SOS: The Final Escape* ou *Disaster Report* en Occident) sur consoles PlayStation depuis 2002. Dans ce jeu réaliste d'action-aventure à la troisième personne, la fragile protagoniste doit trouver des zones et accessoires de survie en se déplaçant dans une ville ravagée par un « *big one* », le plus puissant des séismes, craint

1. **D'aucuns parleront de « fatalisme ».**

2. **Comme se protéger sous une table dès les premières secousses, sortir des bâtiments dans le calme sans utiliser les ascenseurs, etc.**

Les Minions, *Jurassic Park*, et consorts. Mais le parc a également noué, au fil des années, des collaborations avec de nombreuses marques extérieures très fameuses afin de créer des petites zones thématiques, généralement éphémères, et attirer un public plus vaste. Ainsi, on a pu voir des attractions avec notamment des mangas et *anime* ultra-connus comme *One Piece*, *Dragon Ball*, *L'Attaque des Titans*, *Detective Conan*, *Jojo's Bizarre Adventure* ou encore *Lupin III*. Côté jeux vidéo, des espaces *Final Fantasy*, ▶

遊園地

YUENCHI,
PARC D'ATTRACTIONS

Resident Evil, *Dragon Quest* ou encore *Monster Hunter* ont vu le jour pendant des temps limités. Sur la base de ces succès, Universal Studios a signé début 2015 un gros partenariat avec les Kyotoïtes tout proches de Nintendo pour créer une zone immense, dans la partie est du parc, dédiée à la célèbre firme au plombier. Démarrés en juin 2017 et prévus pour s'achever en vue d'une ouverture au public en 2020, les travaux auront nécessité un budget de 50 milliards de yens, soit plus de 400 millions d'euros. La vidéo de présentation promotionnelle donne une image relativement précise, bien qu'un peu fantasque grâce au bestiaire et aux objets de l'univers Mario, de ce que représenteront ses allées. Intitulé « Super Nintendo World », l'espace a programmé d'ouvrir avec deux attractions principales : « Yoshi's Adventures » et « Super Mario Kart ».

▼ **La zone Nintendo s'intègre parfaitement aux autres thématiques du parc.**

Pour se rendre à Universal Studios Japan depuis la gare d'Osaka, prenez la* ligne ferroviaire Yumesaki ou Sakurajima *puis descendez à la station UniversalCity au bout de seulement 11 minutes de train. Le parc d'attractions se trouve dans la baie d'Osaka, proche de nombreux autres spots touristiques, dont le fameux aquarium vertical de la mégapole du Kansai.

▲ **USJ est connu mondialement pour son espace dédié à *Harry Potter*.**

Mais d'autres sont d'ores et déjà prévues autour des univers de *Mario*, *Zelda* et *Donkey Kong*, pour alimenter la zone. Le but global, pour les visiteurs, étant d'aider Mario à récupérer un champignon doré volé par Bowser, dans une expérience qui se veut proche d'un « jeu vidéo au réel ». Pour les joueurs venus avec leur console Switch, une connexion est prévue dans le but de recevoir des récompenses, mais cela est possible également avec un simple smartphone. Bien entendu, on ne doute pas que des boutiques de souvenirs, dont certains exclusifs, viendront compléter les espaces pour arroser les fans de *goodies* (et les actionnaires de billets de banque !). À ce sujet, prévoyez un portefeuille bien garni dès l'achat des tickets d'entrée à Universal Studios Japan. En effet, outre le sésame d'accès simple au parc (comptez un peu moins de 8 000 ¥ soit environ 65 € par adulte), l'achat d'un coupe-file s'avère quasiment indispensable, tant la foule est nombreuse et les files d'attente aux attractions interminables, dès l'ouverture, même hors week-ends et vacances scolaires. Sauf que ces *fast-pass*, au prix identique quel que soit l'âge de l'acheteur, peuvent rapidement atteindre la somme astronomique de 25 800 ¥ (plus de 200 €) selon la saison. Bien entendu, c'est un tarif fréquent et il faut vraiment vouloir visiter le parc un lundi en saison très creuse pour obtenir des prix décents. Pour une famille de quatre, il est ainsi aisé d'atteindre un panier de 1 000 € pour simplement entrer dans USJ, et cela n'inclut même pas la restauration du midi ou les souvenirs achetés sur place ! Par ailleurs, au vu du monde, il est très fortement recommandé de réserver ses billets et coupe-file à l'avance depuis une agence spécialiste partenaire du parc. ▶

Pour se rendre à Joypolis, il faut emprunter le **monorail Yurikamome** et se rendre sur l'île artificielle d'Odaiba dans la baie de Tokyo, puis descendre à l'arrêt Kaihinkoen.
Le parc se trouve dans le centre commercial Decks. L'entrée coûte 800 ¥ (environ 7 €) mais il faut payer chaque attraction en sus ; alternativement, un ticket « passeport » à 4 500 ¥ (environ 40 €) inclut l'ensemble des attractions prépayées. À noter que ce dernier ticket est gratuit le jour de votre anniversaire ! Joypolis est ouvert tous les jours de l'année, de 10 heures à 22 heures.

Site officiel : https://tokyo-joypolis.com/language/english/

Joypolis

Gérant des parcs d'attractions en intérieur conçus par SEGA, la licence Joypolis a commencé en juillet 1994 à Yokohama. Au plus fort de sa notoriété, la marque a connu jusqu'à neuf parcs, mais à l'heure où ces lignes sont écrites, seuls trois subsistent encore : Odaiba à Tokyo, ainsi que Shanghai et Qingdao en Chine. De nombreuses ouvertures ont eu lieu dans les fastueuses années 1990, avant l'éclatement de la bulle économique ; à cause d'une fréquentation en berne, la plupart des fermetures sont intervenues entre 2000 et 2002. À noter la bonne résistance des parcs d'Osaka et Okayama, qui ont malgré tout fermé leurs portes en 2018. C'est évidemment le Joypolis de la capitale nipponne qui nous intéresse particulièrement ici, ouvert dès 1996, avec son esprit d'immense salle d'arcade améliorée. Il s'agit d'ailleurs du plus grand parc d'attractions en intérieur du Japon. On retrouve bien entendu des bornes d'arcade parmi celles qui ont fait le succès de la

marque au hérisson, mais de nombreuses attractions viennent compléter l'offre et en constituent le principal intérêt. Si la réalité virtuelle a pris de plus en plus de place ces dernières années, SEGA n'en oublie pas de proposer des grosses bornes améliorées avec simulateurs à 360 degrés, retours de force divers, baquets et environnements réalistes à sensations. Outre les fameux *Sonic* et zombies de *House of the Dead*, Joypolis propose également des attractions basées sur le film d'horreur *Sadako* et surtout la licence de jeux *Phoenix Wright : Ace Attorney*. Pour se restaurer entre deux parties, plusieurs cafés sont disponibles dans l'enceinte du parc.

À noter qu'il existe des « sous-Joypolis » ailleurs dans le monde : SegaWorld en Angleterre et en Australie, GameWorks aux États-Unis ou encore SEGA Republic à Dubaï.

▲ Image d'Épinal du TGS, la file d'hôtesses bien alignées saluant chaque soir les visiteurs qui quittent le salon.

LES SALONS

SI L'ELECTRONIC ENTERTAINMENT EXPO (E3) DE LOS ANGELES, EN FIN DE PRINTEMPS, TIRE SOUVENT UNE GRANDE PARTIE DE LA COUVERTURE MÉDIATIQUE À LUI (BIEN QU'IL SOIT EN TRAIN DE PERDRE DE SA SUPERBE), IL N'EST CERTAINEMENT PAS LE SALON DE JEUX VIDÉO LE PLUS FRÉQUENTÉ AU MONDE. ON CITERA DONC DEVANT LUI LA GAMESCOM AOÛTIENNE DE COLOGNE, LE PARIS GAMES WEEK DE NOVEMBRE, LE BRASIL GAME SHOW DE SÃO PAULO EN OCTOBRE, OU ENCORE LE TRÈS COURU TAIPEI GAMES SHOW DU DÉBUT D'ANNÉE. DANS CETTE COMPÉTITION, LE JAPON N'EST CERTAINEMENT PAS EN RESTE AVEC SON FAMEUX TOKYO GAME SHOW DE FIN D'ÉTÉ ET, DANS UNE MOINDRE MESURE, LE BITSUMMIT DE MARS, RÉSERVÉ AUX INDÉPENDANTS.

Tokyo Game Show

Connu depuis ses débuts comme l'un des plus grands salons de jeux vidéo au monde, aux côtés de l'E3 de Los Angeles en juin, la Gamescom de Cologne en août et le Paris Games Week de novembre, le Tokyo Game Show se tient chaque seconde quinzaine de septembre dans la banlieue est de la capitale japonaise. Le TGS, de son petit nom, fêtera son vingt-cinquième anniversaire avec l'édition de 2021. Organisé par l'association CESA, il se déroule sur quatre jours, dont le

jeudi et le vendredi exclusivement pour la presse, donc relativement calmes, et le week-end ouvert au grand public, où le bain de foule est total, la moiteur palpable, le bruit ambiant assourdissant et les files d'attente interminables pour pouvoir essayer les jeux en préversions (comptez facilement plusieurs heures pour essayer les titres les plus attendus). Depuis les années 2010, la fréquentation du salon oscille entre 250 000 et 300 000 visiteurs à chaque édition. À son âge d'or, il était une « grand-messe » ▶

▼ **Les affiches du Tokyo Game Show mettent en scène chaque année sa mascotte avec une création graphique originale.**

indispensable, qui s'est même tenue deux fois par an entre 1997 et 2001, sur laquelle aucun constructeur ni éditeur ne pouvait se permettre de faire l'impasse. Lâché progressivement par les plus gros éditeurs en même temps que le Japon perdait de son leadership sur le marché vidéoludique mondial, il reste aujourd'hui moins prépondérant, mais toujours autant apprécié des joueurs et des médias. Parmi les constructeurs, seul Sony, et ses marques PlayStation, reste valeureux sur son propre terrain de jeu, même si rares sont les grosses annonces à être données lors du TGS ; au moins, les joueurs peuvent généralement y essayer une bonne partie des nouveaux titres prévus pour les sorties de fin d'année. Les Kyotoïtes de Nintendo ont, eux, capitulé dès 2001 et leurs jeux désertent totalement le salon depuis. Il aura fallu quatorze ans de plus

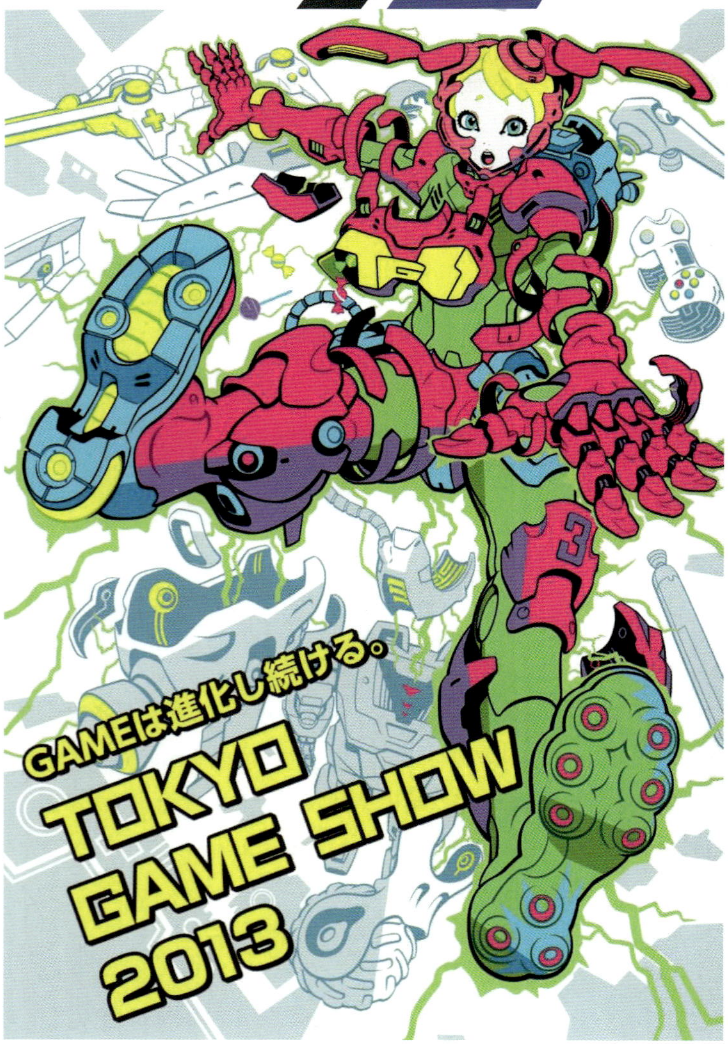

Pour se rendre au Tokyo Game Show, il faut emprunter la ligne ferroviaire de la compagnie Keiyo depuis la gare de Tokyo, et descendre à la station Kaihin-Makuhari *au bout d'une bonne demi-heure de train. Quelques minutes de marche permettent ensuite de rejoindre de grands hangars connus sous le nom de « Makuhari Messe » ou encore « Nippon Convention Center ». L'entrée est payante : comptez entre 1 000 et 1 200 ¥ (l'équivalent d'une dizaine d'euros environ) selon que vous achetez les billets sur place ou à l'avance.*

Site officiel : https://expo.nikkeibp.co.jp/tgs/2019/exhibition/en/

aux Américains de Microsoft pour enfin accepter que leur Xbox n'allait pas améliorer ses ventes faméliques en étant présents au Tokyo Game Show. Ces deux-là ont progressivement été remplacés par des éditeurs japonais ou asiatiques venus présenter des jeux pour smartphone, principalement en ligne. Mais les gros éditeurs nippons, comme Square Enix ou Capcom, restent toujours fidèles et livrent religieusement leurs armes sur consoles chaque année. D'autres stands hébergent des tournois de jeux e-sport. Enfin, bien au-delà des allées qui voient défiler la presse et le public, des zones privées servent aux échanges commerciaux où les développeurs, éditeurs et agences peuvent sécuriser leurs affaires financières.

▲ **Le Makuhari Messe, immense parc d'expositions à quelques encablures de Tokyo, héberge le TGS depuis ses débuts.**

Parmi les atours du Tokyo Game Show, la grande zone de *cosplay*, située entre les deux halls principaux, dévoile une ambiance naturellement très japonaise. Ainsi, on y fait la queue patiemment pour prendre en photo ses déguisements préférés (la qualité visible y étant souvent très élevée). Dans les allées du salon, de nombreuses hôtesses en tenue plus ou moins légère déambulent aux couleurs de tel ou tel éditeur pour offrir aux visiteurs des sacs floqués et remplis de flyers, qui leur serviront principalement à ranger leurs *goodies* fraîchement achetés sur l'un des nombreux stands commerçants. ▶

BitSummit

Beaucoup moins connu que son confrère le Tokyo Game Show, le BitSummit est un salon de jeux vidéo japonais réservé aux développeurs indépendants. Tenu chaque année, depuis sa première édition en 2013, sur un week-end généralement printanier à Kyoto, il met en scène les jeux « indés » sur consoles, PC, smartphones et en réalité virtuelle. Si l'existence d'un tel salon ne surprend pas forcément d'un point de vue occidental, elle a presque tout de l'événement au Japon, terre où les jeux vidéo indépendants ne sont quasiment pas médiatisés. On trouve, certes, un grand nombre de productions amatrices, notamment au Comic Market tokyoïte qui s'y tient de manière bisannuelle, mais celles-ci restent principalement cantonnées au genre manga et, lorsqu'elles bifurquent vers le jeu vidéo, la tendance coquine du Comiket reste indécrottable, avec un style *dojin* érotique voire *hentai*. Plus « noble », le BitSummit permet donc le rassemblement d'une communauté de développeurs passionnés qui gagnent souvent à être connus, et sur lequel les grosses machines comme Steam, Valve, Epic ou Devolver peuvent poser un œil attentif. Des pontes de l'industrie vidéoludique y ont d'ailleurs tenu des conférences par le passé, comme Shuhei Yoshida de Sony, Atsushi Inaba et Hideki Kamiya de Platinum Games, ou encore le fameux Tetsuya Mizuguchi. Sur les terres

▲ Année après année, le BitSummit acquiert ses lettres de noblesse en tant que salon des indépendants.

Pour se rendre au BitSummit, il faut aller au Miyako Messe, installé au cœur des collines de l'est de Kyoto, tout proche du musée d'art moderne. Le plus simple est d'emprunter le bus n° 5 et de s'arrêter à **Okazaki Koen Bijutsukan** *(comptez une petite demi-heure depuis la gare). L'entrée du bâtiment se trouve alors à 300 mètres à peine.*

Site officiel : https://bitsummit.org/en/

kyotoïtes de Nintendo, ce salon reste encore relativement confidentiel mais il permet d'offrir un petit coup de projecteur bienvenu dans une société si traditionnellement normée. Ainsi, très peu des développeurs présents au BitSummit partagent la chance de vivre de leur activité, la conception de jeux indépendants restant bien souvent une activité de passion, parallèle à un travail ou des petits boulots alimentaires que le Japon apprécie malheureusement beaucoup plus qu'une activité de *free-lance*. Depuis quelques années, avec l'essor du salon[1], ils sont rejoints par des développeurs étrangers, notamment asiatiques, venus parcourir les allées et même y présenter le fruit de leurs créations.

1. On est passés de 200 personnes en 2013 à 11 000 en 2018.

▲ L'ouverture du premier Nintendo Store de Tokyo fin 2019 a attiré une foule considérable pendant plusieurs semaines.

SHOPPING

SI L'ON PENSE IMMÉDIATEMENT À AKIHABARA, LE QUARTIER S'AVÈRE L'ARBRE QUI CACHE UNE PETITE FORÊT DE SHOPPING VIDÉOLUDIQUE AU JAPON. BIEN ENTENDU, LE JEU EN TANT QUE TEL S'ACHÈTE DE MANIÈRE CLASSIQUE, DANS DES BOUTIQUES OMNIPRÉSENTES COMME BIC CAMERA ET YODOBASHI OU BIEN ENTENDU SUR AMAZON, OU ENCORE EN VERSION DÉMATÉRIALISÉE. MAIS TOUT LE MARCHÉ DE L'OCCASION, ET SURTOUT DES PRODUITS DÉRIVÉS, EST SOUVENT REGROUPÉ DANS DES CENTRES COMMERCIAUX ET QUARTIERS SPÉCIFIQUES DONT VOICI UN ÉVENTAIL PRINCIPAL.

Shibuya Parco

Outre les Pokémon Centers que nous avons abordés plus tôt dans cet ouvrage, on notera l'ouverture à l'automne 2019 de l'immeuble Parco dans un quartier de Shibuya en pleine mutation, où les buildings poussent comme des champignons à l'approche des Jeux olympiques de Tokyo 2020. Cet immense centre commercial sur plus de vingt étages héberge notamment deux boutiques indispensables pour tout amateur de jeux vidéo qui se respecte : les Nintendo et Capcom « *stores* » officiels.

▲ On peut encore faire de belles affaires dans les Book-Off, mais rarement dans les grandes villes.

Plus on s'éloigne des grandes villes, plus les prix seront bas ; ainsi on pourra trouver des Neo-Geo à des tarifs inattendus sur un coup de chance, au plus profond de la campagne japonaise !

Au sixième étage, intitulé « Cyberespace Shibuya », ces deux magasins sont côtoyés par le Pokémon Center et un Jump Shop, bien connu des amateurs de manga *shonen* de type *One Piece*, *Naruto*, *Dragon Ball* ou *My Hero Academia*.

Aussi étonnant que cela puisse paraître, la firme au plombier ne disposait d'aucun magasin officiel sur son propre territoire, alors que c'est le cas depuis 2005 au Rockefeller Center de New York. L'erreur est donc corrigée depuis avec l'ouverture tonitruante de « Nintendo Tokyo » le 22 novembre 2019, dévoilée en détail quelques jours plus tôt par la presse japonaise. L'ouverture fut un tel succès que, des semaines durant, il fallait patienter parfois plus de trois heures dans une file d'attente dont seuls les ▶

▼ Impossible de repartir de Shibuya Parco sans des *goodies* Nintendo !

Japonais ont le secret, simplement pour entrer dans le magasin. La boutique, d'une superficie de 300 mètres carrés[1] et qui accueille les visiteurs avec des statues grandeur nature de ses protagonistes maison, ne vend que des *goodies* aux couleurs des principales séries de la marque, mais on compte plus de mille références, parmi lesquelles des tee-shirts, des peluches, des sacs, de la papeterie, des montres, des cartes, des porte-clés, des oreillers ou encore des accessoires de vaisselle ou pour smartphone. Beaucoup d'entre eux sont exclusifs et, si les prix s'avèrent relativement élevés comme on peut s'y attendre, les portefeuilles ont du mal à résister ! Les franchises les plus mises en avant restent invariablement *Mario*, *Zelda*, *Splatoon* et *Animal Crossing*. Les *Pokémon* n'en font que peu partie car ils disposent de leur propre boutique exclusive à quelques pas, comme indiqué précédemment . Côté jeu vidéo pur, on compte quelques bornes Switch jouables

1. **Soit trois fois plus petite qu'à Manhattan !**

2. **Le nom japonais de *Mega Man*.**

L'immeuble Parco se trouve à moins de 500 mètres au nord-ouest de la fameuse gare de Shibuya à Tokyo, accessible par de nombreux trains et métros. Les deux boutiques sont ouvertes tous les jours de l'année, de 10 heures à 21 heures.

et il est bien sûr possible d'acheter les packs de la console hybride au succès fou, ainsi que des cartes prépayées pour les achats dématérialisés sur le Nintendo eShop. Des démonstrations de jeux à venir ou récemment sortis sont également proposées sur les écrans géants disséminés dans la boutique.

Juste en face de Nintendo Tokyo se trouve le « Capcom Store Tokyo », naturellement consacré aux licences de l'éditeur japonais. Accueillis par une statue géante de Ryu en plein « Hadoken », on y trouvera ainsi d'innombrables produits dérivés de séries à succès comme *Street Fighter*, *Resident Evil*, *Rockman*[2], *Okami*, *Devil May Cry*, *Monster Hunter* ou encore *Phoenix Wright : Ace Attorney*, dont certaines collaborations avec *Tsum-Tsum*. Si le succès y fut sensiblement moindre que celui de Nintendo Tokyo, le Capcom Store a lui aussi connu des premiers jours d'ouverture compliqués pour les visiteurs. ▶

▲ **La façade architecturale de Parco est immédiatement reconnaissable à Shibuya.**

Si les sorties de jeux vidéo déplacent aujourd'hui moins les foules qu'elles ne pouvaient le faire à l'époque, les vieux briscards se souviennent avec nostalgie d'une période, autour des années 1980 et 1990, où les files d'attente devant les magasins de jeux étaient monnaie courante au Japon. Deux sagas en particulier attiraient les passionnés : les légendaires RPG Final Fantasy *et* Dragon Quest*. Pour la sortie du troisième épisode de ce dernier, le mercredi 10 février 1988, près de trois cents écoliers avaient été interpellés par la police japonaise car ils séchaient l'école pour mettre la main sur leur cartouche tant attendue. Depuis ce jour, son éditeur, Enix, prit la décision de ne plus sortir ses gros titres qu'un samedi, afin de moins perturber l'ordre social[4]. Mais la légende urbaine qui dit que le gouvernement japonais les aurait obligés à choisir un jour férié, quoique rapportée dans la presse spécialisée de l'époque, reste une rumeur non avérée !*

4. Pour aller plus loin, nous recommandons la lecture de l'excellent ouvrage *La Légende Dragon Quest* de Daniel Andreyev chez Third Éditions.

Tokyo Character Street

La meilleure manière de définir Character Street serait de lui conférer le titre de « rue des produits dérivés ». Véritable temple souterrain des *goodies* de la culture populaire japonaise au sens large, la double artère relativement récente est localisée au premier sous-sol, littéralement sous la gare centrale de la capitale, entre les halls nouvellement modernisés de Marunouchi et Yaesu, certes plutôt du côté est vers cette dernière. Jugez plutôt du nombre et de la qualité des boutiques officielles que Tokyo Character Street déroule : Donguri Garden (Studio Ghibli), Jump Shop (*One Piece*, *Dragon Ball*, *Naruto*, *Bleach* et consorts), Pokémon Store, Hello Kitty Shop, Crayon Shin-chan Shop, Snoopy Town Mini, Miffy Style, Rilakkuma Store, Ultraman World, Lego Store, Moomin Shop, Line Creators Shop, Tomica Shop, ainsi que les principales chaînes de télévision japonaise (NHK Character Shop, Fuji Terebi, Asahi, TV Tokyo, TBS Store)...

Plus d'une trentaine de magasins, aux tailles réduites et relativement homogènes, composent ce petit dédale adorable ouvert tous les jours de l'année, de 10 heures à 20 h 30. Et en bonus : Tokyo Gashapon Street, une mini-galerie qui héberge des dizaines de machines à pièces, d'où sortent au hasard des figurines de licences parmi les plus connues. Gare aux portefeuilles : descendre vers Character Street suppose d'accepter de succomber à une frénésie de shopping qui risque à la fois de durer plusieurs heures et de laisser exsangues aussi bien les comptes en banque que l'espace restant dans les bagages du vol retour. Bien inspirés, les commerçants participent tous ou presque au programme national de *duty free* qui consiste à offrir aux voyageurs étrangers la détaxe de tout achat de plus de 5 000 yens (environ 40 euros) par magasin. Dans les faits, le visiteur effectue ses achats de boutique en boutique et, une fois terminés, se rend au comptoir situé à l'entrée pour récupérer l'équivalent de la TVA japonaise, soit 10 % de tous ses achats concernés, en liquide.

▼ Fans de jeux vidéo, prévoyez un certain budget shopping en voyage au Japon, car les produits sont tous plus alléchants les uns que les autres !

▲ *Summer Lesson* est la première expérience de drague « *soft* » en réalité virtuelle.

LES JEUX DE DRAGUE JAPONAIS

Parfois obsédé, parfois pervers, le Japon possède évidemment son lot de jeux vidéo portés sur les choses de la vie. Puisque les Japonais semblent se désintéresser progressivement des interactions sociales, le genre semble d'ailleurs en passe de se renforcer. L'objectif pour nous, ici, n'est pas d'aborder les jeux érotiques[1] et encore moins ceux pornographiques[2], bien que des éditeurs aujourd'hui connus comme bien sous tous rapports comme Square Enix ou Falcom s'y soient frottés dans les années 1980, mais plutôt le genre « *dating sim* » ou « *renai simulation game* » pour « simulation de romance ». Le courant a émergé dès 1984 avec *Girl's Garden* de SEGA mais a réellement été popularisé à

▼ *Dokyusei* a tellement marqué son époque dans les années 1990 que le genre a longtemps porté son nom !

Dokyusei

1. Connu sous l'apocope ***eroge***, contraction d'« ***erotic*** » et « ***game*** ».

2. On parle alors plutôt de jeux ***hentai***.

partir de 1992 avec le jeu *Dokyusei* d'ELF Corporation sur PC, à tel point qu'au Japon, les simulateurs du genre sont souvent désignés sous ce nom générique devenu abus de langage. Dans celui-ci, on effectue du *nanpa*, c'est-à-dire la phase de drague à la japonaise des lycéens ou jeunes adultes, où l'on discute avec ses prétendantes de manière plus ou moins insistante dans le but de les séduire. À noter que le phénomène inverse existe, où les femmes draguent des hommes (on l'appelle alors *gyakunan*). ▶

▼ **En 2002, sort une version destinée à un public féminin de sa série : *Tokimeki Memorial Girl's Side 1st Love*.**

Tokimeki Memorial Girl's Side 1st Love

Summer Lesson Day Out

同級生
DOKYUSEI

Tokimeki Memorial 4

Le *dokyusei* est traditionnellement plus prude, presque romantique, d'ailleurs on l'attribue souvent au style *visual novel*, pauvrement interactif, où sont déroulées de grandes quantités de lignes de narration et de dialogue sur des images fixes où un grand soin est apporté à la fois aux décors et au design des protagonistes très caractérisés. Ainsi, le panel de filles proposé ira de la timide à la femme forte, en passant par le garçon manqué ou la femme-enfant. La plupart d'entre elles sont bien sûr très jolies et pourvues de mensurations avantageuses. Le but étant de renforcer ses liens avec les demoiselles dans l'espoir de conclure. Le jeu *Dokyusei* aura connu quelques itérations, en 1995 sur PC Engine, l'année suivante sur Saturn, puis à nouveau sur PC en 1999 et 2007.

Summer Lesson

VR Kanojo

Parmi les autres références du genre, on citera *Tokimeki Memorial* de Konami avec huit épisodes parus sur autant

▼ **Saviez-vous que Hideo Kojima, le père de la série *Metal Gear* a aussi travaillé sur deux épisodes de *Tokimeki Memorial* à la fin des année 1990 ?**

> *De passage au Japon, pour rencontrer et draguer des Japonais(es), on suggérera de se rendre dans un des clubs du quartier de Roppongi à Tokyo. On y trouve assez aisément des « gaijin hunters » (littéralement des « chasseur(se)s d'étrangers ») bien que la mode soit un peu retombée ces dernières années avec l'afflux massif de visiteurs occidentaux au Japon. À Kabukicho, non loin, on trouvera de nombreux bars à hôtes ou hôtesses pour envisager des relations sociales tarifées mais, même sans aller plus loin, les coûts augmentent très vite et les arnaques existent, donc méfiance !*

Tokimeki Memorial

de supports entre 1994 et 2006, ou encore *LovePlus*, du même éditeur, et ses deux versions principales parues sur Nintendo DS et 3DS entre 2009 et 2014. Plus récemment, les développeurs japonais se sont naturellement intéressés à la réalité virtuelle et l'expérience *VR Kanojo* a notamment fait grand bruit à sa sortie en 2017. Dans ce « jeu » à la première personne, l'utilisateur est placé dans la chambre de Sakura Yuuhi, une lycéenne japonaise en uniforme, et doit interagir avec elle jusqu'à partager des plaisirs sexuels. À noter que la plupart de ces titres, *VR Kanojo* mis à part, ont eu un certain nombre de difficultés à franchir les frontières japonaises, pour diverses raisons, ce qui explique pourquoi y jouer depuis l'Occident peut s'avérer compliqué, à moins d'utiliser un émulateur et compter sur des traductions non officielles. Nous pouvons néanmoins citer *Summer Lesson*, un des jeux du lancement du PlayStation VR en 2016.

Vue de l'extérieur, la drague au Japon peut sembler posséder son lot de codes sensiblement différents de la manière occidentale. Cet état de fait est renforcé, de manière plus ou moins consciente, par la culture populaire japonaise, notamment à travers les mangas et les *anime*. Dans ceux-ci, la jeune fille doit être fraîche et innocente, ne jamais faire le premier pas sauf à assumer un rôle de garçon manqué ou de femme fatale pour contrebalancer un casting toujours à la recherche d'un équilibre. Le jeune homme, timide, se montre patient et peu dégourdi pour séduire son aimée : il peut se passer des mois avant de constater le moindre mouvement et tout peut être remis en cause par un non-dit ou une interprétation exagérée. Heureusement, les jeunes Japonais ne sont plus aussi candides et cette représentation semble remonter à une autre époque, devenue progressivement surannée à partir des années 1990 et l'occidentalisation plus rapide de la société japonaise. Certes, on trouvera moins de couples ouvertement affichés dans la sphère publique (la pudeur prévient tout baiser en extérieur) mais les amoureux se promenant main dans la main sont désormais presque monnaie courante dans les grandes villes. On ne pourra que constater l'extrême discrétion des couples homosexuels, principalement dans le but de ne pas choquer. Les rendez-vous galants se déroulent d'une manière tout à fait classique, par exemple au café, dans un *game center* ou au karaoké[3], avec une conclusion particulière toutefois au *love hotel* pour plus d'intimité, puisque les intérieurs japonais restent encore exigus, mal isolés phoniquement et parfois partagés avec le reste de la famille. Dans les milieux plus aisés ou pour les célibataires prenant de l'âge (la trentaine jouant le rôle de charnière crainte),

▲ Au Japon, on peut chercher des partenaires en ligne non seulement sur les sites de rencontre, mais également sur les sites d'*Omiai*.

3. **Voir chapitres dédiés, pp. 122.**

4. **Contraction de 結婚活動 *kekkon katsudo*, littéralement « la chasse au mariage ».**

on se retrouve en *gokon*, des rendez-vous arrangés à plusieurs avec autant d'hommes que de femmes. La pratique la plus extrême, qui semble désormais tomber en désuétude, étant le *omiai* : le mariage arrangé entre deux familles, souvent sans amour car dans un intérêt économique mutuel. Les applications et sites de rencontre existent, mais on notera également l'appétence de certaines Japonaises pour le phénomène *konkatsu*[4], via des agences spécialisées, où les participantes recherchent ouvertement un bon futur mari.

▲ Les Japonais sont de grands amateurs de la magnifique saison éphémère des *sakura* en début de printemps.

LES *SAKURA* DU PRINTEMPS JAPONAIS

Ohanami, littéralement « la contemplation des fleurs », est le nom donné à la courte période du début de printemps où tous les cerisiers japonais de l'espèce *Prunus serrulata* (*sakura* en japonais) se parent d'une sublime robe rose pour créer la fameuse image d'Épinal.

Dead or Alive 5 : Last Round

Courte saison qui ne dure pas plus de deux semaines, et encore si le climat et la météo le permettent, elle s'avère extrêmement appréciée à la fois des Japonais et des touristes, mais pas pour les mêmes raisons : les premiers étendent leurs grandes bâches bleues dans les parcs, sous les arbres de préférence, pour y passer

Sakura Wars

des après-midi entières à grignoter et surtout à boire entre collègues ou en famille, alors que les visiteurs étrangers parcourent le Japon à la recherche de la plus belle photo dans un décor, il faut l'avouer, d'une magnificence rare, encore renforcée par son caractère évanescent. Si le gros des touristes débarque à Tokyo et Kyoto en avril, souvent en retard sur un pic saisonnier qui avance malheureusement de quelques jours chaque année, bien aidé par le réchauffement climatique, la tradition s'étale toutefois sur ▶

桜

SAKURA

▼ **Les tableaux idylliques créés par la floraison des cerisiers offrent un décor de *stage* parfait pour les jeux vidéos situés au Japon.**

Dead or Alive 5 : Last Round

de longues semaines si l'on consent à démarrer son périple tout au sud du Japon (dès janvier à Okinawa) pour remonter en suivant la floraison (jusqu'en mai à Hokkaido). L'éclosion des premiers bourgeons, suivie chaque année de manière très officielle en avant-saison par l'agence météorologique japonaise, utilise même un cerisier de référence situé dans le très controversé sanctuaire Yasukuni à Tokyo, connu pour avoir déifié quatorze criminels de guerre nippons ayant agi au cours de la Seconde Guerre mondiale, aggravant les relations diplomatiques déjà compliquées avec son voisin coréen.

Sekiro : Shadows Die Twice

▼ **Les alentours du mont Fuji, symbole du Japon, possèdent eux aussi quelques « *spots* » de *sakura*.**

Sakura Wars

▲ *Sekiro : Shadows Die Twice* fait un bel usage des cerisiers en fleurs comme toile de fond de certains niveaux.

Le jeu vidéo s'est bien entendu intéressé au *hanami* en tant que phénomène de société annuel, notamment pour y ancrer certains de ses décors mythiques. Et puisque « Sakura » s'avère également un prénom féminin au Japon, on citera bien entendu la série à succès des *Sakura Taisen* de SEGA, alias *Sakura Wars* en Occident, qui a débuté sur Saturn en 1996. Titre à la croisée du RPG tactique et du *visual novel* mâtiné d'une dose de romantisme, son action se déroule évidemment en pleine période de floraison des cerisiers, alors que l'équipe de protagonistes féminins, menée par la bien nommée Sakura, se pare du titre de « l'escadron des fleurs ».

Parmi les décors les plus connus du jeu de combat, la série *Dead or Alive* a accueilli un *stage* « *Kyoto in bloom* » dans son quatrième épisode, où les fleurs de *sakura* volent au vent dans un décor en pleine floraison. Dans l'épisode suivant, les cerisiers reviennent en deuxième partie du *stage* « *Temple of the Dragon* », lorsque les personnages parviennent à s'éjecter violemment d'une pagode japonaise en plein combat. Les différents protagonistes nippons jouables (Ayane, Kasumi, Ryu Hayabusa, Hayate, Hitomi ou encore Kokoro) se fondent d'autant plus dans ce décor décidément très nippon.

Pour ne rien gâcher de la conclusion de *Sekiro : Shadows Die Twice*, nous ne vous dévoilerons pas un boss de fin de partie, mais sachez que les *sakura* fleurissent aussi abondamment dans l'aventure de Loup.

▲ Le Shinkansen (TGV) aux couleurs de l'*anime Evangelion* a circulé au Japon entre 2015 et 2018. Il est visible, depuis, au musée ferroviaire de Kyoto.

LE SYSTÈME FERROVIAIRE JAPONAIS

▼ *Densha de Go!* intègre des lignes réelles, ici la fameuse Yamanote circulaire qui dessert les principaux quartiers de Tokyo.

Dans un pays où les trains sont à la fois nombreux, ponctuels, propres et au maillage de territoire très fin grâce à une combinaison habile entre le réseau public de Japan Railways et les innombrables compagnies privées, le puissant système ferroviaire japonais ne fait pas que transporter chaque jour des dizaines de millions de travailleurs sur son territoire : il génère chez d'innombrables amateurs, de tous âges et de toutes catégories sociales, un intérêt si fort que l'on définit même par l'expression de « *densha otaku* » (que l'on pourrait traduire par « fanatique des trains »).

Densha de Go! Tokubetsu-hen: Fukkatsu Shōwa no Yamanotesen

Vu du prisme occidental, cela peut paraître relativement inattendu, car on a plutôt l'habitude de voir ce terme galvaudé associé à des franges de la culture populaire bien délimitées et plus exportables, comme les « *game otaku* » ou les « *anime otaku* ». Mais à vrai dire, le mot, moins péjoratif qu'il n'a pu l'être au tournant du XXIe siècle, regroupe avant tous les passionnés du rail et surtout des machines qui l'empruntent. Si les férus connaissent les locomotives par cœur, de leur ▶

▼ **Bien qu'ayant commencé en arcade, la série *Densha de Go!* est une simulation pure qui requiert beaucoup de rigueur.**

電車

DENSHA
[TRAIN]

petit nom à leurs particularités, le Japon imagine même régulièrement des trains de légende, soit par leur caractère éphémère, généralement dans le cadre d'un partenariat (par exemple avec les franchises *Pokémon*, *Evangelion* ou *Detective Conan*) ou encore pour leur côté ouvertement luxueux, vendus comme des croisières.

Différents musées ferroviaires peuvent être visités au Japon, dont au moins trois à Tokyo (parmi lesquels le plus grand du Japon, à Omiya) ou encore à Kyoto, à Nagoya et sur l'île de Kyushu, sans oublier d'autres destinations

▼ Les Japonais sont des fans inconditionnels de leurs trains et les compagnies ferroviaires le leur rendent bien, avec de nombreuses versions différentes.

▲ La licence a eu beaucoup de succès et est sortie en de nombreuses itérations entre 1997 et 2010, et même sur consoles portables.

▲ En arcade, l'expérience *Densha de Go!* est totale avec des bornes extrêmement complètes.

plus confidentielles. La légende dit même que croiser « Doctor Yellow », le Shinkansen qui vérifie les voies du train à grande vitesse muni de sa rare robe jaune, porte chance à celui ou celle qui l'aura vu.

Dans ce pays amoureux de ses trains, pas étonnant que le jeu vidéo s'en mêle ; ainsi la licence *Densha de Go!*, du créateur Akira Saito au sein de l'éditeur Taito, a fait les beaux jours à la fois des salles d'arcade et d'un certain nombre de consoles du marché (et même, plus récemment, les mobiles), certes plutôt à partir du milieu des années 1990 et au début des années 2000. Le concept s'avère aussi simple que redoutable : il s'agit d'y camper un conducteur de train et de respecter le parcours correspondant à sa propre ligne, en n'allant ni trop vite ni trop lentement pour avoir une conduite suffisamment fluide pour ses passagers, tout en respectant les arrêts à la minute et presque au centimètre près ! Pour ajouter à l'immersion, les bornes *Densha de Go!* permettaient d'utiliser des accessoires de jeu reproduisant fidèlement la cabine d'un train, vendues à prix d'or pour accompagner certaines versions sur console. De nombreuses véritables lignes ferroviaires furent reproduites dans les différentes itérations du jeu, avec en figure de proue l'inévitable Yamanote, ligne circulaire desservant les principaux quartiers de Tokyo, ou encore la ligne Tokaido qui relie la capitale à Kyoto et Osaka.

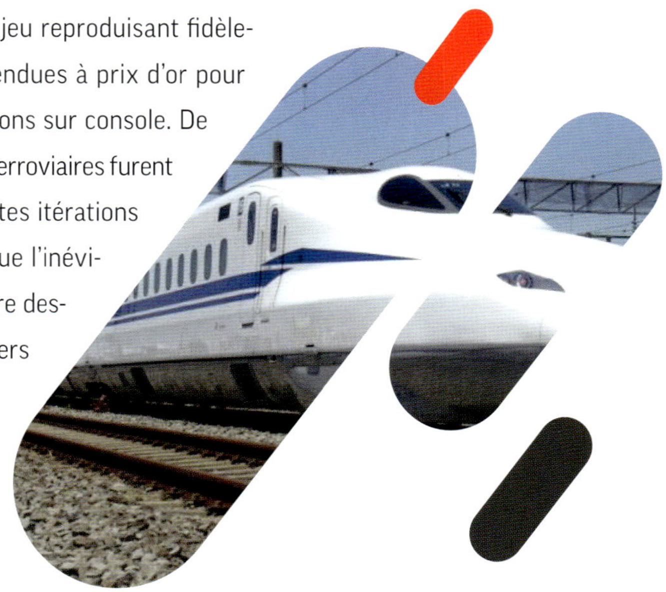

LE SYSTÈME JUDICIAIRE JAPONAIS

On a évidemment beaucoup entendu parler du système judiciaire japonais à partir du 19 novembre 2018, date à laquelle le grand patron de Renault-Nissan Carlos Ghosn fut arrêté par les autorités nipponnes au sortir de son jet privé sur le tarmac de l'aéroport de Tokyo Haneda. Inculpé pour malversations financières et notamment pour avoir minimisé ses revenus à l'égard du fisc japonais, le Franco-libano-brésilien s'est retrouvé dans la tourmente d'une bataille juridique qui aura duré plus d'un an, de cautions pharaoniques en retournements, avant de fuir le Japon de manière rocambolesque dans une malle en déjouant les contrôles, aidé de deux mercenaires, à bord d'un

▼ **Le feuilleton judiciaire Carlos Ghosn passionne la planète entière depuis fin 2018, et met en lumière des côtés plus sombres de la justice japonaise.**

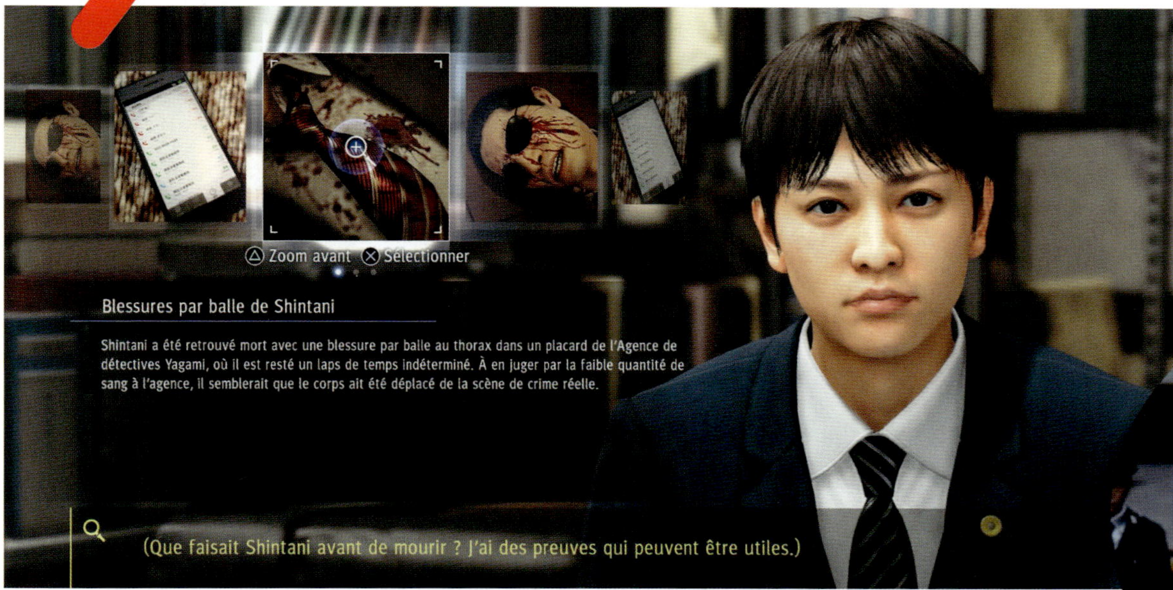

autre jet. Le monde entier a alors découvert un système japonais où la garde à vue dure jusqu'à vingt-trois jours dans des conditions spartiates et sans avoir pleinement accès à un avocat, et où 99 % des accusés finissent condamnés, alors que nombre d'instances dénoncent la collusion du parquet et des procureurs avec les juges. Peut-être par manque de connaissance, les médias occidentaux se sont moins épanchés sur la dureté avec laquelle le Japon traite ses propres ressortissants, même ▶

▼ **Dans l'épisode *Judgment* de la série *Yakuza*, le joueur incarne un ancien avocat et enquête sous ses traits.**

Phoenix Wright: Ace Attorney en occident, mais *Gyakuten Saiban: Yomigaeru Gyakuten* au Japon.

弁護士

BENGOSHI, AVOCAT

pas forcément condamnés, présents dans la sphère publique. Si les politiques ou anciens hauts fonctionnaires semblent faire jouer leurs relations pour échapper la plupart du temps à des batailles juridiques pourtant courues d'avance[1], les « *talento* » comme on les appelle (stars du petit écran) n'échappent quasiment jamais au pilori du « *walk of shame* » mettant presque systématiquement un point final à leur carrière, aussi brillante fût-elle jusqu'alors.

1. **En avril 2019, un chauffard de quatre-vingt-sept ans tue une mère et sa fille de trois ans à Tokyo, mais n'est pas arrêté pour ses crimes.**

▼ À gauche, Pierre Taki dans la version initiale de *Judgment*, à droite son remplaçant après que le premier a subi des démêlés avec la justice pour usage de drogue.

▲ La pop star Minami Minegishi des AKB48 fait bonne figure après s'être rasé la tête en repentance pour avoir eu un petit ami.

On a abordé le cas de Pierre Taki dans le chapitre sur la saga *Yakuza*, mais celui de Minami Minegishi fait encore plus froid dans le dos. Chanteuse du *girls band* à succès des AKB48, elle fut photographiée par un tabloïd local en 2013, avant et après sa nuit dans l'appartement d'Alan Shirahama, membre du *boys band* Generations. Son crime ? Avoir eu un petit ami, ce qui est interdit dans son contrat. Sa punition : se raser la tête publiquement et passer de longues minutes à s'excuser dans une vidéo *YouTube* malaisante. Rétrogradée au rang de stagiaire alors qu'elle faisait partie du groupe depuis ses débuts huit ans auparavant, elle mettra plusieurs années à se relever. En parallèle, lorsque Nobuhiro Watsuki, créateur du manga *Kenshin le vagabond*, est reconnu coupable de possession de pédopornographie, il est simplement puni d'une amende de 200 000 yens (moins de 2 000 €) sans peine de prison assortie.

▲ ***Phoenix Wright : Ace Attorney*, sur consoles portables de Nintendo, est l'une des premières séries à avoir mis en scène le milieu judiciaire nippon.**

Dans le jeu vidéo, on retiendra évidemment la série de Capcom *Phoenix Wright : Ace Attorney*, alias *Gyakuten Saiban* dans sa version originale, débutée en 2001 sur Game Boy Advance. Dans ces titres, le joueur suit la carrière de l'avocat débutant, Phoenix Wright, et son équipe, dans un système d'enquêtes proche des *visual novels*, afin de déterminer pourquoi ses clients sont innocents et le prouver à la cour. Les jeux de la série, dérivés depuis principalement sur DS et 3DS, se sont notamment rendus célèbres par le biais de la célèbre ligne « *Objection !* » (« *Igari !* » en japonais) accessible aux joueurs lors des procès. Face au succès de la série, des adaptations ont eu lieu en manga, animé et même en un film en prises de vue réelles, dirigé par Takashi Miike. ▶

Ce qu'il est important de garder à l'esprit, c'est qu'au Japon la loi sera le plus souvent en faveur des procureurs que des avocats. Ainsi, dans 99 % des cas, une mise en examen aboutit à une inculpation. Il n'y a donc qu'un petit pourcentage des cas où les accusés sont innocentés. C'est d'ailleurs une statistique dont le ministère de la Justice japonais est très fier.

Dans *Judgment*, *spin-off* de la série *Yakuza*, cet état de fait est mentionné à plusieurs reprises dans le jeu. L'aventure vous met dans la peau de Takayuki Yagami, un avocat trentenaire reconverti en détective privé, ayant été radié du barreau après avoir malheureusement réussi à faire innocenter un client accusé d'homicide qui – un peu plus tard – s'avérera coupable d'un nouveau meurtre, cette fois de façon indiscutable. Cette situation, illustrée dans *Judgment*, est dans la vie réelle au Japon tout à fait exceptionnelle : qu'un avocat parvienne à faire innocenter son client n'arrive qu'une ou deux fois maximum dans une carrière entière. C'est pour cela que Yagami se voit célébré lorsqu'il parvient à gagner son procès au tout début du jeu.

▼ Minami Minegishi, avant la coupe !

向日葵

HIMAWARI

Contrairement à la France, les avocats japonais ne portent pas la robe. Il est néanmoins possible de repérer les *bengoshi* grâce à leur insigne : le *bengoshi-kishô* (弁護士記章), un badge en forme de fleur de tournesol appelée *himawari* (向日葵). Le tournesol est une fleur sans cesse tournée vers le soleil, le symbole de la justice et de la liberté dans la tradition japonaise. Dans *Judgment*, Takayuki Yagami a gardé son insigne malgré sa radiation, et une fois reconverti en détective privé, la fleur de tournesol deviendra un avantage qu'il n'hésitera pas à dégainer quand il en aura besoin, même s'il n'en a pas le droit, bien évidemment. Appolo Justice et Athena Cykes, deux des avocats de la défense des jeux *Phoenix Wright : Ace Attorney*, arborent aussi leur *bengoshi-kishô*.

▲ Ryuta Kawashima a écrit de nombreux ouvrages avant de se retrouver sur Nintendo DS.

LE VIEILLISSEMENT DE LA POPULATION

Après un pic en 2006 à près de cent trente millions d'habitants, année où le nombre de décès a commencé à dépasser celui des naissances, la population japonaise décroît, depuis, à un rythme qui semble exponentiel. Les mauvais records s'enchaînent, avec en premier lieu la baisse continuelle du nombre de naissances, et l'indice de fécondité au Japon stagne à 1,4 enfant par femme, très loin du seuil de renouvellement. Plusieurs causes peuvent être imputées à cette hémorragie, parmi lesquelles on citera notamment la population de plus en plus réticente aux relations physiques ou encore une capacité d'accueil des jeunes enfants encore très lacunaire, obligeant les femmes à se ranger

▼ Le professeur donne de sa personne en prêtant son visage aux jeux qui portent son nom.

PROGRAMME D'ENTRAINEMENT CEREBRAL™ du Dr Kawashima : Quel âge a votre cerveau ?

comme mère au foyer à la naissance du premier bébé, mettant par là même au rebut l'ensemble de leur carrière. En parallèle, les Nippons vivent de plus en plus longtemps. L'espérance de vie y est d'ailleurs une des plus hautes au monde, à quatre-vingt-sept ans pour les femmes et quatre-vingt-un pour les hommes en 2017, grâce à une alimentation saine, de bonnes habitudes au quotidien et un système de santé efficace, même si l'occidentalisation du mode de vie des jeunes tend à amenuiser cette tendance. Les centenaires ▶

▼ **Les Japonais figurent parmi les populations du monde qui vivent le plus longtemps.**

川島隆太

KAWASHIMA RYUTA

n'ont jamais été aussi nombreux, et pas seulement à Okinawa, avec 71 000 Japonais âgés de plus de cent ans en 2019. Il y a quelques années, le volume des ventes de couches pour seniors a ainsi dépassé celui de celles pour les bébés !

Et si nombre de Nippons rechignent à s'arrêter de travailler une fois l'âge de la retraite atteint, pour des raisons financières ou tout simplement pour s'occuper et garder son corps et son esprit actifs, des programmes ont commencé à voir le jour au début des années 2000

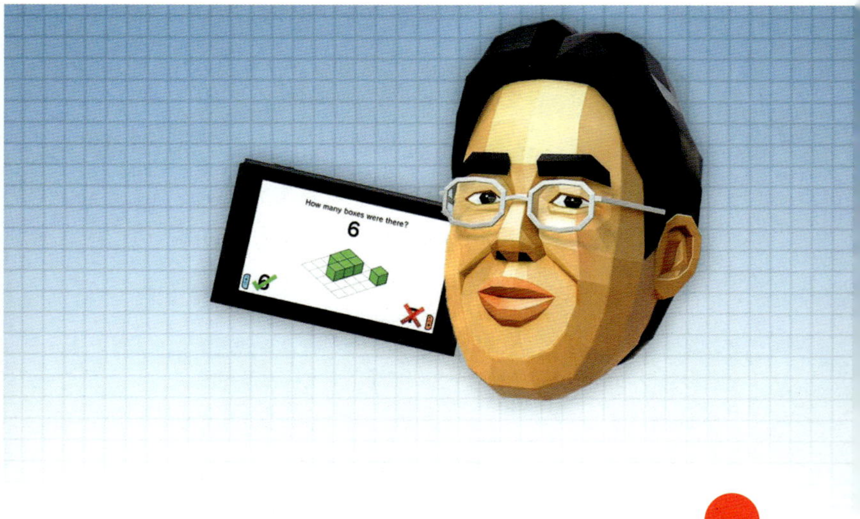

▲ Après un immense succès sur DS en 2005, Nintendo a sorti début 2020 une version Switch.

▲ Les habitantes d'Okinawa, au sud du Japon, sont les Japonaises avec la meilleure espérance de vie.

pour occuper ces nouvelles légions de seniors. Parmi eux, un jeu DS qui a fait grand bruit à sa sortie en 2005, intitulé *Programme d'entraînement cérébral du Dr Kawashima : Quel âge a votre cerveau ?* (excusez du peu). Porte-étendard, avec quelques autres, comme *Nintendogs*, de la recherche d'une nouvelle façon de jouer chez Nintendo, le titre tient en effet moins du jeu vidéo traditionnel que du programme cérébral interactif. Porté par la figure, modélisée en *low-poly* (faible nombre de polygones), du professeur Ryuta Kawashima de l'université du Tohoku au nord de Tokyo, le titre propose aux joueurs d'effectuer tout un tas d'exercices de logique, mémoire, mathématiques ou linguistique, pour « muscler » son cerveau et réduire la dégénérescence liée à l'âge. L'expérience au stylet, portée par une forte campagne marketing notamment à la télévision, a permis à de nombreux seniors de se mettre au jeu vidéo par un prisme novateur. Et tant pis si la communauté scientifique réduit ses bienfaits sur le cerveau en comparaison avec celui d'un entraînement traditionnel ; les bénéfices sonnants et trébuchants sont, eux, largement tombés chez Nintendo avec le succès commercial du jeu, qui a depuis permis la sortie de suites sur DSi, 3DS et Switch.

Monster Hunter World

LA NOURRITURE JAPONAISE

C'est peu dire que les Nippons sont amoureux de leur nourriture. Il suffit d'allumer la télévision japonaise à n'importe quelle heure du jour ou de la nuit pour tomber sur une émission de divertissement où les nombreux invités sur le plateau goûtent divers mets avant de rivaliser de mimiques de visages surpris en s'affrontant à qui sortira la réplique « *oishii !* » (littéralement « délicieux ! ») la plus longue et avec la voix la plus forte. La nourriture japonaise fait état d'une variété absolument méconnue des Occidentaux qui la résument trop volontiers au combo sushi-ramen[1], les seuls ayant véritablement franchi les frontières au tournant du XXIe siècle.

▼ **Les Pokémon Cafés offrent une carte de plats naturellement dérivés des monstres de poche les plus populaires.**

Final Fantasy XV

▲ Le quinzième épisode de *Final Fantasy* met un soin tout particulier à la présentation des plats.

D'une richesse régionale étonnante et avec ses particularismes regorgeant d'anecdotes[2], l'omnipotente nourriture japonaise se niche jusque dans l'obligation sociale de l'*omiyage*, ce petit cadeau que l'on se doit de rapporter d'un court séjour dans une autre région ou un autre pays pour l'offrir à sa famille, ses amis et ses collègues. Comme ailleurs en Asie, on mange peu à la maison au Japon et d'innombrables restaurants quadrillent le territoire avec un maillage étonnamment dense, alternant le boui-boui de quartier tenu par un vieux papy avec le restaurant ▶

1. La déclinaison du yakitori (brochette) bœuf-fromage, très populaire et inévitable dans les restaurants japonais de notre pays, est en réalité une pure invention française. C'est un plat qui n'existe pas au Japon !

2. Qui aurait pu imaginer que les sumotoris avaient leur propre plat, le *chankonabe*, dont le quartier de Ryogoku à Tokyo est le chef-lieu et où les restaurants ont parfois uniquement cette spécialité à la carte.

食べ物

TABEMONO (NOURRITURE)

▼ Au Japon, les menus sont souvent présentés sous forme de plats en cire dans la vitrine des restaurants.

Monster Hunter World

étoilé des grandes villes (Tokyo en compterait la plus forte concentration au monde), en passant par l'inévitable MacDonald's[3].

Pas étonnant que le jeu vidéo s'en mêle et installe les bons petits plats au cœur de certaines expériences. On mettra de côté l'évidente série *Cooking Mama* de Taito, débutée sur DS au milieu

▼ Le sushi est le plat le plus populaire hors des frontières du Japon, bien qu'il y soit un mets relativement onéreux.

▲ **Les Square Enix cafés rivalisent d'ingéniosité dans leur décoration.**

des années 2000, pour se concentrer sur les jeux qui incorporent la nourriture dans leur système de jeu, notamment les RPG (jeux de rôle). Il y a d'abord les *Odin Sphere* (Atlus, 2007) ou *Monster Hunter World* (Capcom, 2018), dans lesquels l'alimentation est une source d'amélioration des statistiques et compétences de ses personnages. L'exceptionnel *The Legend of Zelda : Breath of the Wild* (Nintendo, 2017) offre, lui, une forme de mini-jeu transverse où l'on peut faire sa popote en mélangeant les fruits et légumes ramassés avec les morceaux de viande des animaux abattus en chemin. Et que dire de *Final Fantasy XV* (Square Enix, 2016), qui pousse le visuel vers un soin maniaque, presque clinique, de la présentation des plats que peuvent ingérer les protagonistes ?

Pour boucler la boucle, les éditeurs, qui ne manquent décidément pas d'imagination marketing, ouvrent régulièrement des cafés à thème au Japon, en particulier à Tokyo et dans les grandes villes. Outre les fameux Pokémon Cafés, c'est largement le cas de Square Enix qui n'hésite pas à créer des « pop-up » cafés ou restaurants éphémères pour accompagner toute grosse sortie. Dernier exemple en date : les versions *Final Fantasy VII Remake*, se déroulant à Akihabara et à la tour Tokyo SkyTree pour quelques semaines début 2020, emboîtant le pas au café Eorzea (celui-ci, à Akiba également, permanent depuis 2016 et dédié à *FFXIV*), où l'on peut traditionnellement commander à prix fort des plats inspirés du jeu avant de faire son shopping en produits dérivés à l'effigie de la série.

The Legend of Zelda : Breath of the Wild

3. Pour l'anecdote, les Japonais l'appellent マック « *makku* » à Tokyo et un peu partout au Japon, alors qu'à Osaka et aux alentours, on dira マクド « *makudo* ».

▲ Jusqu'à il y a peu de temps, on pouvait encore fumer dans les salles d'arcade japonaises.

LES SALLES D'ARCADE AU JAPON

Alors que partout dans le monde les salles d'arcade ne semblent presque plus devenues qu'un vague souvenir, se raccrochant à quelques espaces disposés dans les lieux de divertissement souvent placés dans les stations balnéaires, si éloignés de leur esprit des fastes années 1980 et 1990, le Japon n'en a encore certainement pas fini avec elles.

Certes, les salles d'arcade japonaises n'ont plus aussi fière allure qu'à l'époque[1], en particulier lorsque l'on voit la baisse du nombre d'établissements dédiés de ces vingt dernières années[2], partiellement balayées par les améliorations techniques réalisées par les

▼ Taito Station est l'une des chaînes japonaises les plus connues pour abriter des bornes et autres jeux.

C'est évidemment une fois de plus à Tokyo que l'on trouvera le plus facilement son bonheur. Les plus grandes salles d'arcade japonaises restent à ce jour Game Taito Station, située sur l'avenue principale d'Akihabara, ou encore Club Sega à Shinjuku. Prévoyez votre stock de pièces ! On regrettera la disparition de Anata no Warehouse, légendaire salle d'arcade de Kawasaki au décor inspiré de Kowloon à Hong Kong, fermée en novembre 2019 après quatorze ans d'activité. Comme beaucoup d'autres salles, elle a notamment souffert des augmentations récentes de TVA au Japon[3] qui ont rogné sur les marges des exploitants puisque la pièce de 100 ¥ ne peut pas être remplacée pour le consommateur.

▲ La fameuse salle d'arcade Anata no Warehouse, au décor inimitable, a fermé en 2019 pour cause de recettes insuffisantes.

Gundam Extreme Versus 2

1. **Installées à partir de la fin des années 1970, elles ont décollé avec *Space Invaders* en particulier, mais également *Pac-Man* ou encore *Donkey Kong*.**

2. **On en compterait à ce jour un peu moins de cinq mille dans tout le Japon.**

3. **Passée de 3 à 5 % en 1997, et surtout de 5 à 8 % en 2014 puis à 10 % en 2019.**

consoles et PC, ou bien sûr l'avènement du jeu sur mobiles puis smartphones, mais surtout pour des raisons économiques (cf. encart). Pourtant, elles font de la résistance et rien qu'un tour dans le quartier d'Akihabara, à Tokyo, suffirait à faire retrouver le sourire en voyant des hordes d'adolescents et d'adultes plus ou moins jeunes venus s'y délasser le temps d'une petite partie ou deux. Dans ces tours qui leur consacrent plusieurs étages, le jeu vidéo se mélange bien sûr à d'autres types de divertissement. On pensera ▶

ゲームセンター

GAME CENTER

ainsi naturellement aux UFO Catchers, ces machines à pince où l'on insère une pièce de 100 yens (ce qui correspond à un peu moins d'un euro) pour tenter d'attraper une peluche ou tout autre *goodie*, ou encore aux *purikura*[4], des photomatons améliorés où l'on peut lisser et déformer son visage puis y ajouter des stickers avant d'imprimer les résultats transformés.

Gunslinger Stratos

▼ **Bien entendu, le quartier électronique d'Akihabara à Tokyo accueille encore un certain nombre de salles d'arcade.**

Les game center sont en règle générale assez bruyants, mais parfois, il faudra pourtant savoir garder son calme. C'est en effet une attitude à avoir dans une salle comme Mikado, un établissement indépendant, loin du tumulte d'Akihabara et se trouvant proche de la station Takadanobaba (toujours à Tokyo). C'est un lieu atypique où vous croiserez des bornes des années quatre-vingt et quatre-vingt-dix sur lesquels des joueurs de très très haut niveau s'entraînent souvent sur **Street Fighter III : 3rd Strike** *ou* **Guilty Gear Xrd**. *Si vous êtes fan des œuvres de Rensuke Oshikiri, vous retrouverez dans cette salle le goût d'une nostalgie très singulière. Vous aurez d'ailleurs peut-être la chance de croiser l'auteur de* **High Score Girl** *et* **Bip-Bip Boy** *dans le nouveau game center Mikado de Ikebukuro. En effet, Rensuke Oshikiri est un joueur invétéré, à tel point qu'avec le temps, il a sympathisé avec le propriétaire des salles Mikado et a même dessiné la mascotte du lieu.*

▲ **Plus intimistes, des salles comme Mikado font la part belle aux pro-gamers.**

Les bornes, elles, restent encore en force et si les jeux de rythme s'avèrent fortement représentés, avec l'éternel jeu de danse *Dance Dance Revolution* (Konami, dès 1998) ou encore le jeu de tambour *Taiko no Tatsujin* de Namco (leur succès s'arrêtera-t-il un jour ?), on s'amusera également des machines placées dos à dos pour s'affronter en duel et défier un inconnu, notamment sur les jeux de combat ; une tentative à ses risques et périls, les Japonais ayant évidemment la dent dure !

On retrouvera également de nombreux jeux de tir ou de course automobile, toujours populaires, alors que certains tenanciers mettent un point d'honneur à conserver des classiques de la grande époque, tels que les vieux *Virtua Fighter* (AM2, 1994) ou *Metal Slug* (SNK, dès 1994). Plus locales, les simulations de courses de chevaux restent très appréciées, en particulier des *salarymen* post-quarantaine. Attention : la cigarette était encore autorisée à l'intérieur des salles début 2020, mais ses jours sont désormais comptés.

Autre spécificité japonaise : la possibilité offerte par un certain nombre de bornes d'utiliser, d'une partie sur l'autre, une carte de membre (sans contact ou à insérer dans la machine) qui sauvegarde les progressions, comme les statistiques ou les niveaux atteints et récompenses obtenues. À noter que le phénomène japonais de *pachinko*, beaucoup plus encadré par les lois nipponnes, se déroule dans des établissements dédiés, bien à part des salles d'arcade.

4. Apocope, une fois de plus, de « *print club* ».

LE SYSTÈME SCOLAIRE JAPONAIS

Le système scolaire japonais s'avère finalement assez proche du nôtre, avec un cursus qui démarre à la crèche, puis l'école maternelle jusqu'à six ans, la primaire (pendant six ans), le collège (pendant trois ans), le lycée (trois ans également) et enfin l'université ou grande école[1]. La partie la plus difficile réside dans les examens d'entrée pour les études supérieures, qui déterminent assez fortement la trajectoire de carrière d'un individu pour tout le reste de son existence. Malgré la difficulté de la langue japonaise, en tout cas dans le sens où elle nécessite beaucoup d'apprentissages par cœur, l'insistance très tôt sur l'écrit permet aux Japonais de connaître un taux d'alphabétisation parmi les plus élevés[2], à 99,9 % de la population. Par ailleurs, les élèves sont très intégrés à la vie de la classe à travers des activités obligatoires, telles que le ménage, qui les préparent à bien s'intégrer dans le groupe (concept tout-puissant dans la société japonaise), ou la préparation des repas dans certaines écoles. Les jeunes Japonais qui terminent leur cursus scolaire en sortent très éduqués mais, la validation des acquis prenant souvent la forme de questionnaires à choix multiple[3] et non de dissertation, on notera un manque parfois cruel d'esprit critique ou de discernement ; du point de vue japonais, ce qui compte *in fine* est plutôt le résultat que le raisonnement. Souvent, les cours se terminent en début ou milieu d'après-midi pour laisser place à des activités extrascolaires, obligatoires ou non, mais observées par l'écrasante majorité des élèves. Ce sont les fameux clubs[4] que l'on retrouve

1. **Un cursus calqué sur le modèle américain depuis l'occupation des États-Unis après la Seconde Guerre mondiale.**
2. **Fait amusant, comme la langue japonaise s'articule autour d'un syllabaire, il est tout à fait normal de voir un jeune enfant écrire correctement, ou tout du moins, écrire aussi bien qu'il parle.**
3. **Comme le montre très bien la sélection drastique lors de l'entrée à l'université. Une situation courante dans les mangas et *anime* où les personnages passent littéralement leur vie à étudier. Dans *Love Hina* (Ken Akamatsu, 1998-2001), par exemple, le héros souhaite entrer à Todai, l'établissement le plus connu et l'un des plus célèbres du Japon.**
4. **Au Japon, on distingue le sport pratiqué à l'école : *gakko taiiku*, du sport pratiqué en dehors de tout cursus : *shakai taiiku*.**
5. **Voir le chapitre consacré aux jeux de drague, p. 162.**

fréquemment dans la culture populaire nipponne, généralement autour d'activités sportives.

Ainsi, il existe bien entendu plusieurs jeux vidéo japonais qui prennent place dans des environnements scolaires, de manière plus ou moins réaliste. Nous avons abordé, plus tôt dans cet ouvrage, les cas de *Persona* et son ancêtre *Shin Megami Tensei*, mais ils sont loin d'en être les seuls représentants. Bien évidemment, le genre *visual novel*[5] s'est emparé du décor scolaire pour y placer certaines de ses intrigues : *Nakayama Miho no Tokimeki High School* de Square le faisait dès 1987 sur Famicom, suivi d'*Isaku* par ELF sur PC en 1995 ou encore du fameux *Danganronpa* de Spike Chunsoft à partir de 2010 sur consoles PlayStation notamment. Plus obscur de ce côté-ci du globe, on citera *Natsuiro High School : Seishun Hakusho* sorti en 2015 sur PlayStation et dans lequel D3 propose un *open world* lycéen un brin *ecchi* (cochon) sur les bords. Enfin, comment ne pas parler de *Justice Gakuen* alias *Rival Schools*, très agréable jeu de combat 3D développé par Capcom et sorti en arcade ▶

Persona 5

Nakayama Miho no Tokimeki High School

Persona 4 Golden

Natsuiro High School : Seishun Hakusho

Danganronpa V3: Killing Harmony

学校

GAKKÔ
(ÉCOLE)

en 1997, sur PlayStation One l'année suivante puis sur Dreamcast en 2000 avec sa suite *Project Justice*. Dans le jeu, des groupes de lycéens d'établissements scolaires ennemis s'affrontent dans un « versus » au *gameplay* proche de *Marvel vs. Capcom*. Le scénario prend place dans la ville fictive d'Aoharu où les écoles sont victimes de kidnappings menés par le lycée d'élite « Justice High » ; le boss du jeu, Raizo Imawano, n'étant autre que leur proviseur ! Pour l'anecdote, on retrouve au casting des personnages jouables la jeune Sakura Kasugano, lycéenne protégée de Ryu déjà vue dans la franchise *Street Fighter* depuis l'épisode *Alpha 2* en 1996.

Natsuiro High School: Seishun Hakusho

▼ Sakura Kasugano, célèbre étudiante de la série *Street Fighter 2* et fan de Ryu.

Rival Schools

Nous l'avons vu, au Japon, les activités extrascolaires se pratiquent directement au sein des établissements scolaires, du primaire à l'université. À la rentrée, les élèves doivent choisir obligatoirement un club. Il en existe de nombreuses sortes : art, lecture, conversation en anglais, cérémonie du thé, etc., mais les plus prestigieux restent les clubs de sport. Le temps consacré au club est très important, aussi bien en semaine que le week-end. Du point de vue sportif, adhérer à un club à l'école, en particulier au lycée ou à l'université, est parfois le point de départ d'une longue carrière professionnelle. C'est notamment le cas de la plupart des joueurs de base-ball ou de football qui brillent aujourd'hui au niveau international.

La vie dans les clubs s'avère donc très riche et fondamentale pour les élèves les plus impliqués. Le quotidien d'un club, en l'occurrence de football, se voit par exemple bien illustré dans la série de RPG *Inazuma Eleven*. Dans le premier épisode du jeu développé par Level-5, son héros Mark Evans, rêve de participer au Football Frontier, le tournoi national pour les jeunes collégiens. Et comme tout bon leader d'un club, il devra se battre pour faire reconnaître les couleurs de son établissement : gagner des compétitions, recruter de nouveaux membres et affronter les brutes des clubs d'arts martiaux !

▼ Le premier jeu *Inanuza Eleven* est sorti sur DS en 2008 au Japon, mais trois ans plus tard en France.

04

04 CONCLUSION

CONCLUSION

La fin de la rédaction de cet ouvrage a été effectuée par votre serviteur au début de la crise du coronavirus, qui a démarré au milieu du mois de janvier 2020. À l'heure où ces lignes sont écrites, bien que très peu touché par le COVID-19 grâce au civisme de sa population et à leurs gestes-barrière naturels, le Japon souffre fortement sur le plan touristique, en partie par son choix de fermer ses frontières quasi hermétiquement depuis la fin mars 2020.

Mais ce n'est pas la première crise qu'aura traversée le Japon. Après l'éclatement de la bulle économique dans les années 1990, l'Archipel a subi de plein fouet le séisme de magnitude 9,1 qui a frappé le Tohoku en 2011, entraînant le tsunami dévastateur puis l'accident nucléaire de Fukushima. Il s'est relevé de ces deux événements, comme il s'est relevé du grand séisme du Kanto en 1923 ou encore des bombardements atomiques sur Hiroshima et Nagasaki en 1945. Car les Japonais sont un peuple résilient et courageux, porté par la passion d'une quantité incommensurable d'amoureux de sa culture, partout dans le monde. Il n'existe pas de porte d'entrée noble ou honteuse vers le Japon. Simplement une multitude de truchements qui ouvrent vers la découverte d'une nation si riche et surprenante qu'elle ne cessera jamais d'émerveiller. Le jeu vidéo et la culture populaire dans son ensemble sont une fenêtre aussi épatante vers le pays du Soleil levant que l'artisanat, l'histoire ou encore l'architecture.

Dans sa fameuse émission *YOU wa nani shi ni Nippon e ?* (littéralement : « Pourquoi êtes-vous venu(e) au Japon ? ») diffusée le lundi soir sur TV Tokyo depuis 2013, des journalistes interviewent des voyageurs à leur sortie de l'avion à l'aéroport de Narita. En janvier 2020, un touriste martiniquais[1] répondait qu'il était là pour découvrir le véritable quartier de Tokyo qu'il avait tant apprécié dans les jeux *Yakuza* depuis dix ans. Puisque vous avez lu notre chapitre consacré à ce titre, vous savez que ce voyageur va découvrir Kabukicho avec des yeux émerveillés (c'est la suite du reportage de l'émission, le lendemain) avant de s'ouvrir sur les autres quartiers de la ville de Tokyo et ses alentours pour le reste de son voyage.

Lorsque l'on me demande encore aujourd'hui pourquoi je ne suis jamais allé vivre au Japon, après tant d'années à travailler autour de ce pays, je réponds toujours qu'il s'agit de ne pas perdre ce sentiment de fraîcheur. Et si j'ai l'impression de rentrer à la maison à chaque fois que j'y retourne, de ne jamais avoir quitté le pays tant je retrouve mes marques instantanément, il reste une sensation que je ne pourrai jamais goûter à nouveau : celle de la découverte initiale, d'enfin toucher le Japon qui nous a tou(te)s fait tant fantasmer avant de fouler son sol.

Alors partez au Japon ! Découvrez-le sous toutes ses coutures, d'abord par le jeu vidéo si le cœur vous en dit et si cet ouvrage a pu vous donner de la motivation supplémentaire. Mais surtout, ouvrez-vous aux nombreuses autres merveilles que le pays a à vous offrir. Vous ne le regretterez certainement pas…

1. À suivre sur son compte Instagram : www.instagram.com/otakugamefr

REMERCIEMENTS

À **Mehdi** et **Nicolas** pour leur passion débordante, leur proposition et leur confiance dans l'élaboration de ce livre. À Mehdi en particulier pour sa patience, sa compréhension et ses remarques pertinentes pendant la rédaction.

À l'ensemble de **l'équipe de Third** pour permettre à cette belle aventure d'édition de se poursuivre.

À **Ludo**, **Ken** et **Damien** pour les conseils.

À **Florent** pour sa préface flatteuse et son travail de qualité depuis tant d'années.

À **Shinji Tsuchimochi** et **Frederico Anzalone** pour s'être associés à cet ouvrage à travers leurs talents d'illustrateur et de graphiste.

À **Marjo** et à **mes proches** pour leur soutien indéfectible dans l'ensemble de mes projets.

日本

CRÉDITS PHOTOGRAPHIQUES

Acquire pages 32, 33, 34, 35, 36
Activision pages 90, 91, 96, 119, 168, 201
Atlus pages 40, 41, 58, 59, 60, 61, 104, 193
Capcom pages 56, 57, 66, 67, 94, 113, 138, 157, 175, 176, 177, 178, 184, 185, 186, 194, 201
D3 Publisher pages 100, 101
ELF page 160
Level-5 page 195
Illusion page 163
Irem page 133
Konami pages 99, 105, 119, 122, 124, 125, 126, 161, 162
Marvelous Entertainment page 99
Namco Bandai pages 123, 126, 127, 134, 135, 136, 140, 189
Nintendo pages 54, 55, 62, 63, 64, 65, 72, 73, 86, 87, 108, 114, 115, 124, 125, 127, 128, 129, 130, 131, 142, 143, 144, 145, 154, 155, 156, 157, 181, 182, 183, 187
NIS America page 192
Rising Star Games page 99
SEGA pages 48, 49, 50, 51, 52, 53, 68, 69, 70, 71, 80, 81, 82, 83, 84, 85, 91, 94, 107, 108, 120, 124, 125, 132, 133, 147, 167, 168, 174, 175, 176, 177, 178, 179, 199
SNK pages 94, 139
Spike page 192
Square Enix pages 46, 47, 74, 75, 76, 77, 78, 79, 139, 193
Sony Computer Entertainment pages 42, 43, 44, 45, 105, 121, 132, 133, 160, 161, 162, 190
Taito pages 170, 171, 172, 173, 174
Tecmo pages 104, 139, 140, 141, 166, 167
Tomahawk page 98
Ubisoft pages 36, 37, 38, 39, 107, 118

8days page 106
Adorables Betes page 130
Alchetron page 97
All About Japan pages 143, 167
Animalaxy page 132
Arte page 183
Asianews page 141
Asian Wanderlust page 170
BFMTV page 114
Biohaze page 69
Boiremixologie page 133
BookOff Group pages 157, 161
Booksandbao page 84
Breakflip page 119
Britannica page 94
Celsian Education page 194
Chien Shiba Inu page 131
ClubMed pages 48, 49
Cocoyoko page 72
CyberSpaceAndTime page 55
DailyMars page 48
DokoDemo page 190
DozoDomo page 161
Endurance24 page 45
Eurosport page 140
Florent Gorges page 6
Fimewc page 45
FredericEvasion page 94
GaijinPot pages 47, 116, 139, 173, 188
GaijinWolfi page 89
Game Guide page 44
Gameblog page 71
Geek QC page 67
GeeksAndCom page 119
Goodfon page 102
GT Planet page 44
Gyutte page 161
Harashobo page 95
Hitek page 116
Hoshinoresorts page 52
Idac Tohoku page 182

Introvert Japan page 189
ITL page 50
Japan Travel pages 46, 68, 77
Japon Pratique page 166
JeuxOnline page 179
Jins Meme page 182
JNTO page 46
JRailPass page 175
Kanpai pages 39, 135, 159, 178
KaraokeKan pages 123, 124, 125
La Croix page 95
Le Figaro page 129
Le Progrès page 142
Les Echos page 103
Les Voyages du Patron page 127
Life in Tokyo page 135
Lilagreen page 75
Lifewire page 57
Mandaley page 170
Match Map page 166
MatteoColombo page 77
MariCar page 56
Marriott page 168
Matcha et Sakura page 188
Mobygames page 54
Moshimoshi Nippon pages 65, 186
Nautiljon pages 132, 180
Nemuyoake page 105
Nerdysermons page 89
Nippon page 184
Nityavarnes page 115
One Hallyu page 178
Otohime Tracks page 188
Outline page 102
Pascale Surry pages 184, 185
Perechapi page 186
Picture Worl page 141
Pinterest pages 94, 188
PlanetExp page 109
Project Rai page 10
Polygon pages 38, 51
Pokémon GoLive page 65
Savvy Tokyo page 167
Sega16 page 55
SekaiProperty page 106
She Sighted the Grove page 192
Silverkris page 192
Site officiel BitSummit pages 154, 155
Site officiel Capcom Store pages 158, 159
Site officiel Fuji Hongu pages 58, 59
Site officiel Nintendo Store pages 156, 157, 158, 159
Site officiel Tokyo Game Show pages 150, 151, 152, 153
Site officiel Tokyo Joypolis pages 148, 149
Site officiel Universal Studios Japan pages 144, 145, 146, 147
Site officiel Yonaguni page 40
Sironimo page 88
Smarter Travel page 170
Softpedia page 44
Starbucks pages 42, 43
The Neighbor's Cat page 131
TheStar page 118
TimeOut Tokyo pages 76, 109, 132
TokyoCheapo page 93
TripAdvisor page 192
U Timelab page 181
Ukresistance page 54
Unsplash pages 4 (Susan Lee), 11 (Marek Piwnicki), 14 (Tomas Malik), 15 (Alexander Schimmeck, Jezael Melgoza), 16 (Bantersnaps, Federica Galli), 17 (Tianshu Liu), 18 (Shitota Yuri), 19 (Bruce Tang, André Benz), 20 (André Benz), 21 (Lukas), 22 (Eutah Mizushima, Andrew Leu), 23 (Chris Yang, Amos Bar), 24 (Conor Luddy), 29 (Hardik Pandya, Ross Parmly), 31 (Oskar Vertetics), 35 (Sebastian Kurpiel), 51 (Manuel Cosentino), 53 (Marvin Ronsdorf), 85 (Jason Rost), 99 (Dean Cook), 199 (André Benz, Bruce Tang), 206 (André Benz)
Voyage Forum page 174
Wanginmemo page 52
Wikiwand page 103
Yakuza Fandom page 201
Yale University page 176
Zekkei Japan page 65

LUMINE
LABI

Dépôt légal : novembre 2020
Imprimé dans l'Union européenne par Meilleures Impressions.